Knock! Knock!

우리 아이의
수학적 잠재력을 깨워주는

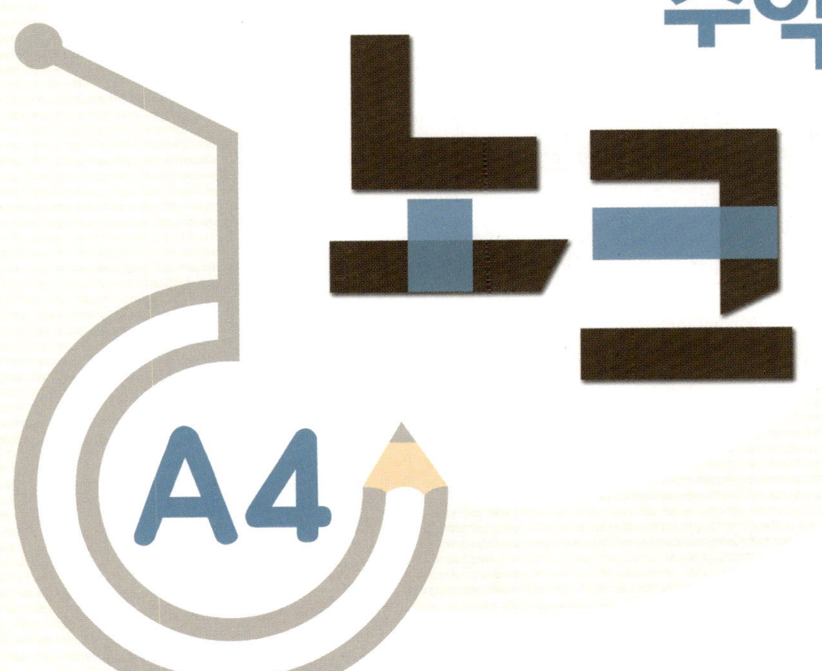

요리로 배우는 수학

이 책을 보시는 부모님들께

머리가 좋아야 수학을 잘 한다는 말이 있습니다. 또, 수학을 잘 못하는 아이는 아빠, 엄마의 머리를 물려받아서 그렇다는 등의 난데없는 유전자 논쟁이 벌어지기도 합니다. 하지만 많은 사람들의 일반적인 생각과는 달리 이는 근거없는 이야기입니다. 외국의 한 연구 기관에서 언어, 사회, 수학, 과학의 네 가지 분야 중 어떤 것이 아동의 선천적 재능에 영향을 받는지 조사한 연구 결과를 발표했는데 일반적인 예상과는 다르게 선천적 재능에 영향을 받는 순서는 사회, 언어, 과학, 수학 순이었습니다. 다시 말해, 수학은 여러 학문 분야 중 선천적인 재능보다는 후천적인 환경이나 교육자, 학습자의 노력에 가장 큰 영향을 받는 학문이라 볼 수 있습니다. 수학의 가장 기본이 되는 '수 영역'의 예를 들어 보겠습니다. 아이들이 수를 처음 접하는 시기의 차이는 있지만 실제 수에 대한 감각과 수를 다루는 연습은 생활 속에서의 체험이나 다양한 활동, 학습 속에서 이루어집니다. 즉, 수학의 가장 기본이 되는 수는 선천적으로 가진 재능과는 거의 연관이 없으며 자라나면서 어떤 환경에 놓이는지, 얼마나 많이 수를 생각할 수 있는 기회가 있는지, 나이에 맞는 올바른 학습을 만날 수 있는지에 좌우됩니다. 그러므로 아이의 수학적 발달에 문제가 있다면, 그 아이가 누구를 닮아서 그런지, 지능이 떨어지는지를 따질 것이 아니라 수학적 힘을 기를 수 있는 학습 환경을 어떻게 만들어줄 것인가를 고민해야 합니다.

국제영재교육연구소의 랜즐리 소장은 영재의 기준을 마련하기 위해 여러 연구를 시행한 결과, 영재의 공통적인 특징들을 발견하였습니다. 첫째는 115 이상의 지능지수(IQ), 둘째는 창의력(Creativity), 셋째는 동기적 요소라고 부르는 끈질긴 근성과 과제집착력이었습니다. 이들 세 가지 요소 역시 선천적으로 타고 나는 부분도 물론 있겠지만 대부분 후천적인 학습이나 교육 활동을 통해 기를 수 있는 능력이라는 데에 이의를 제기하기는 힘듭니다.

이처럼 수학적 능력은 후천적 학습 환경에 주로 좌우되며, 특히 어린 시절에는 그러한 경향이 더더욱 두드러집니다. 하지만 우리의 아이들을 둘러싼 수학적 환경을 다시 한 번 돌아봅시다. 초등학교를 들어가기 전부터 과도한 학습량과 무의미한 반복 활동, 이후의 수학 학습에 오히려 방해가 될 정도로 무리한 선행 학습 등의 환경은 아이의 수학적 힘을 길러주기보다는 수학에서 가장 중요한 창의적 사고력을 기를 수 있는 기회를 박탈함과 동시에 수학에 대한 흥미를 급속하게 떨어뜨리게 하여 수학으로 문제를 해결하려는 의지, 즉 수학적 동기를 스스로에게 부여하는 것을 불가능하게 만들어 버립니다. 중요한 것은 남들보다 먼저, 그리고 더 많이 수학적 지식을 머리 속에 주입하는 것이 아니라 태어나서부터 누구나 가지고 있는 수학에 대한 관심, 그리고 수학으로 생각하는 힘을 일깨워주는 것입니다.

수학을 잘할 수 있는 힘, 수학적 잠재력은 이미 여러분 아이들의 머릿 속에 줄곧 있어왔습니다. 단지 어떤 아이는 그것을 찾아내어 드러낼 수 있었고, 어떤 아이는 꼭꼭 숨긴 채 평생 드러나지 않을 뿐입니다. 이러한 수학적 잠재력에 대한 참신한 자극 – 생각을 두드리는 '**노크**'를 제안하려 합니다. '**노크**'는 수학적 지식과 스킬만을 무리하게 밀어넣지 않습니다. 왜 수학을 해야 하고, 어떻게 수학으로 가능한지 끊임없이 스스로 생각하게하는 계기로서의 활동이 되려 합니다. 일상으로부터 괴리된 학문으로서의 수학이 아닌, 삶을 살아가며 반드시 키워야 할 논리적, 합리적 사고력을 기를 수 있는 누구에게나 가장 중요한 경쟁력으로서의 수학을 주장합니다. '**노크**'야말로 새로운 수학 학습의 길을 보여주는 방향타가 될 것입니다.

한 헌 조

이 책의

구성과 특징

흥미로운 단원 도입

테마 Story

- 이야기의 주제와 단원 내용을 소개함으로써 학습 내용에 흥미를 가질 수 있도록 합니다.
- 단원과 관련된 그림과 질문을 통해 배울 내용을 미리 생각해 볼 수 있습니다.

수학 이야기

- 재미있는 이야기를 통해 학습 주제에 대한 흥미와 관심을 높일 수 있습니다.
- 과학, 예술, 역사, 수학사, 실생활 등 다양한 이야기를 수학적 개념과 관련지어 수학의 가치와 필요성을 느낄 수 있도록 합니다.

창의적인 내용 전개

생각 열기

- 수학적 개념, 원리, 법칙을 자유로운 생각과 다양한 활동을 통해 발견할 수 있도록 합니다.

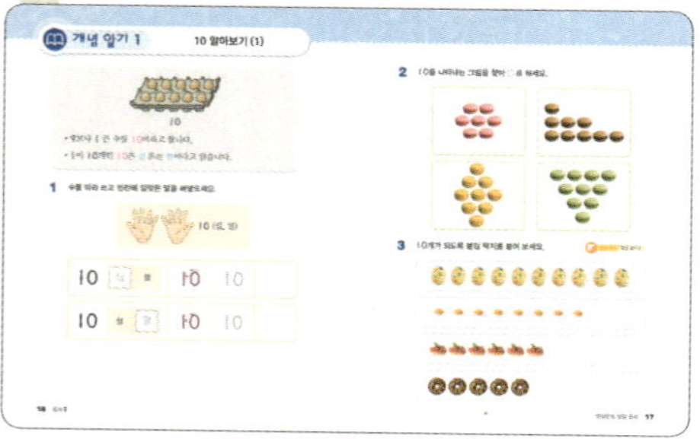

개념 알기

- 단원별 4개의 소주제를 제시하였고, 학습 목표를 쉽게 이해할 수 있도록 설명해 놓았습니다.
- 기본 유형 문제와 간단한 응용 문제로 구성되어 있어 수학적 사고력을 단계적으로 기를 수 있습니다.

이야기 수학_ 이야기 속 문제 상황을 통해 호기심을 유발하고, 단원에서 배우게 될 내용을 예측하고 발견할 수 있도록 하였습니다.
사고력 수학_ 주제별 기본개념을 이해하고, 확인학습을 통해 개념을 익히고 다질 수 있도록 하였습니다.
창의력 수학_ 다양한 방법으로 심화 문제를 해결함으로써 문제 해결 능력, 의사소통 능력, 추론 능력을 향상시킬 수 있도록 하였습니다.

창의사고력 심화 학습

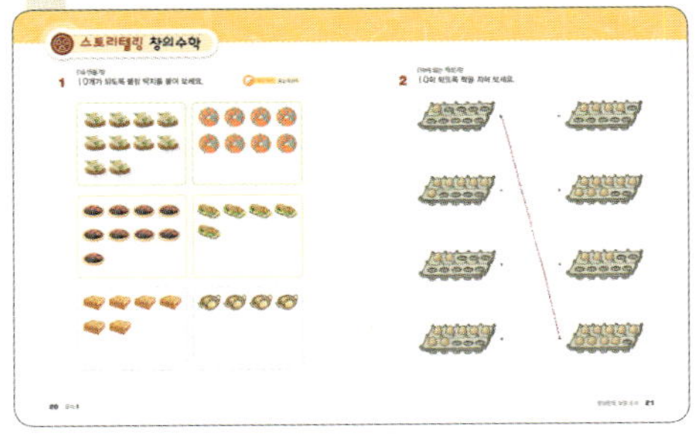

스토리텔링 창의수학

- 주제와 관련된 창의 사고력 수학 문제를 제시하여 학습 내용을 좀 더 다양하고 깊게 탐구해 볼 수 있습니다.
- 다른 학문 분야나 생활 속 현상 등과 같은 다양한 소재로 문제 해결력, 융합적 사고력을 기를 수 있습니다.

재미있는 활동과 읽을거리

수학 게임

- 만들기 활동으로 수학에 관심과 흥미를 가지고 수학의 가치를 이해하며, 자연스러운 학습으로 자신감을 키울 수 있습니다.
- 수학 게임으로 재미있게 수학을 학습하고, 게임의 규칙과 승리 전략을 탐구하며 논리적인 사고력을 기를 수 있습니다.

지식 백과

- 각 단원의 마지막에 있는 읽을거리로 사회, 과학, 예술 및 실생활 사례 등을 수학적으로 바라볼 수 있도록 하였습니다.
- QA는 지식을 업그레이드 할 수 있는 코너로 아이들 눈에 궁금할 수 있는 질문과 그에 대한 명쾌한 답을 실었습니다.

빠른 답과 바른 풀이

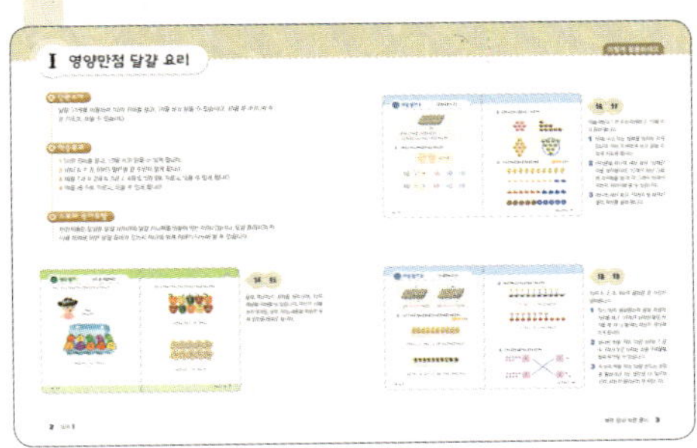

- 각 단원을 간단히 소개하고 학습 목표 및 방향을 바로 세울 수 있게 구성하였습니다. 빠르고 쉽게 정답을 확인할 수 있으며 학부모용 활용 방법을 제시하여 학습지도에 도움이 되도록 하였습니다.

이 책의

차례 CONTENTS

요리 I

요리 II

요리 I

1

2

영양만점 달걀 요리

달걀이 몇 개 남았지?

HBC
달걀은
성장에 필요한 영양소가 풍부합니다.
성장기 어린이들에게는
꼭 필요한 식품이겠죠?
• 긴급속보 • 성장기 어린이, 달걀에 있는 영양소

사랑하는 가족들의 건강을 위해
달걀 요리를 많이 해야겠군.

QUAKER
10.20
8
오늘 아침은 달걀 프라이!
달걀은 노른자가 선명한 것이
신선한 달걀이란다.
쩝
쩝

오늘 간식은 달걀 카나페!
가족들 건강을 위해 준비했지.
그런데,
아직도 달걀이 남았어요?

모두 몇 개일까요?

엄마가 사 오신 달걀입니다. 달걀의 개수를 세어 볼까요?

달걀은 모두 [10] 개입니다.

달걀 카나페에 사용한 파프리카와 과자의 개수를 세어 보세요.

파프리카는 모두 [ ] 개입니다.

과자는 모두 [ ] 개입니다.

개념 알기 1　10 알아보기 (1)

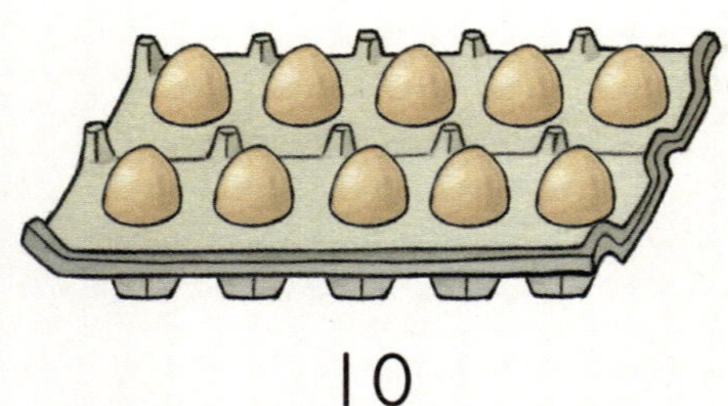

10

- 9보다 1 큰 수를 10이라고 합니다.
- 1이 10개인 10은 십 또는 열이라고 읽습니다.

1 수를 따라 쓰고 빈칸에 알맞은 말을 써넣으세요.

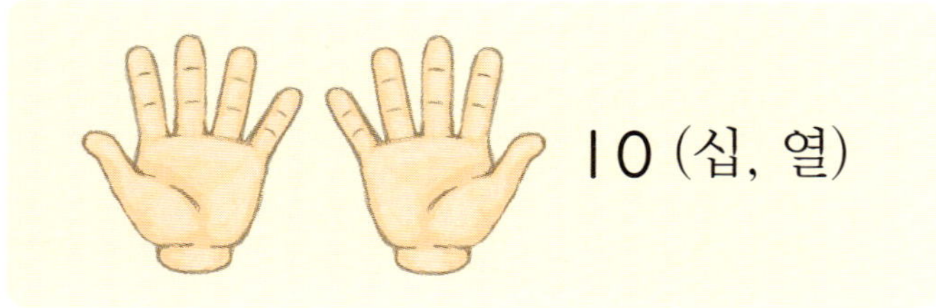

10	십 / 열	10	10	
10	십 / 열	10	10	

2 10을 나타내는 그림을 찾아 ○표 하세요.

3 10개가 되도록 붙임 딱지를 붙여 보세요.

붙임 딱지 달걀 요리 1

10 알아보기 (2)

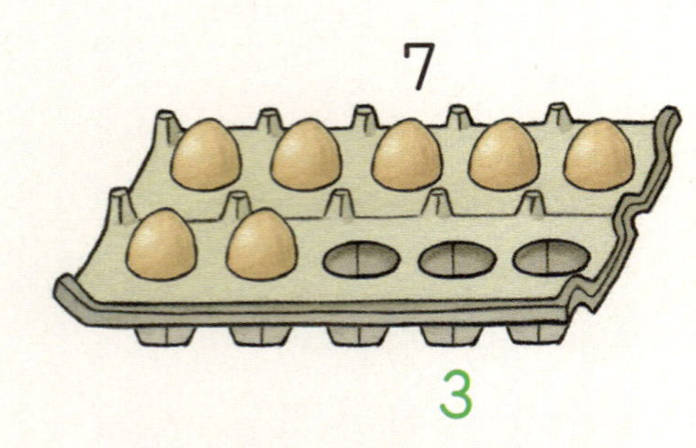

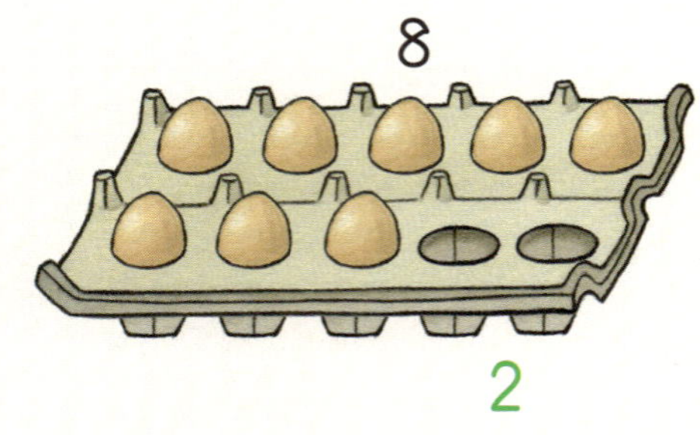

- 10은 7보다 3 큰 수입니다.
- 10은 8보다 2 큰 수입니다.

1 10개가 되도록 붙임 딱지를 붙이고, 빈칸에 알맞은 수를 쓰세요.

달걀말이 [6] 개에 [ ] 개를 더하면 10개가 됩니다.

달걀 초밥 [ ] 개에 [ ] 개를 더하면 10개가 됩니다.

2 하나씩 짝을 짓고, 빈칸에 알맞은 수를 쓰세요.

3 10이 되도록 짝을 지어 선으로 이으세요.

스토리텔링 창의수학

[10 만들기]

1 ㅣ0개가 되도록 붙임 딱지를 붙여 보세요.

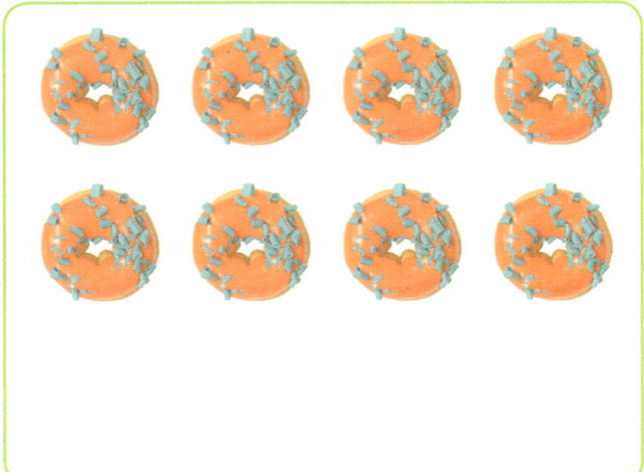

[10이 되는 짝짓기]

2 10이 되도록 짝을 지어 보세요.

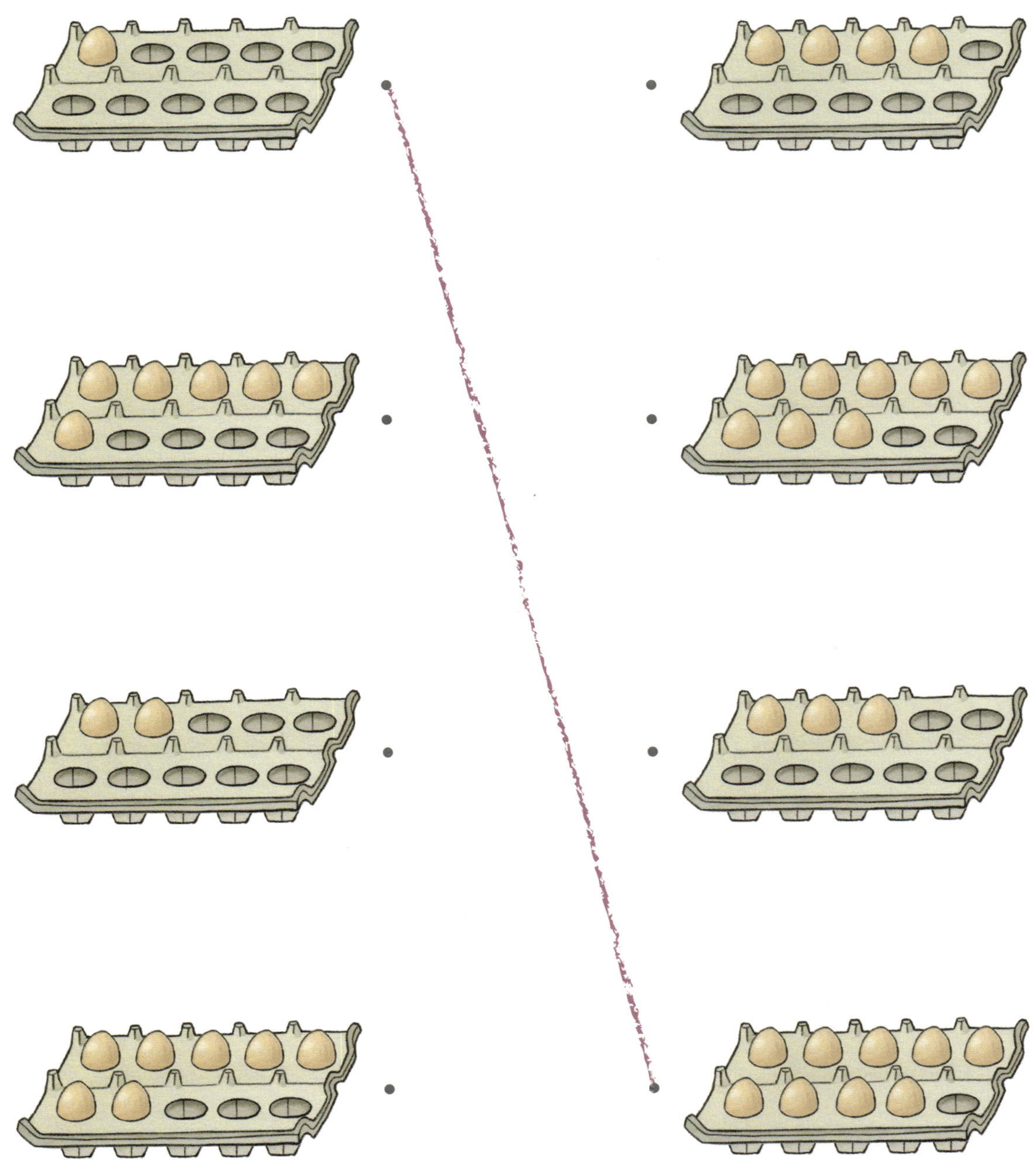

[달걀 10개]

3 달걀의 개수가 10개가 되도록 선으로 이어 보세요.

[10까지 뛰기]

4 10칸을 나누어 뛰고, 빈칸에 알맞은 수를 쓰세요.

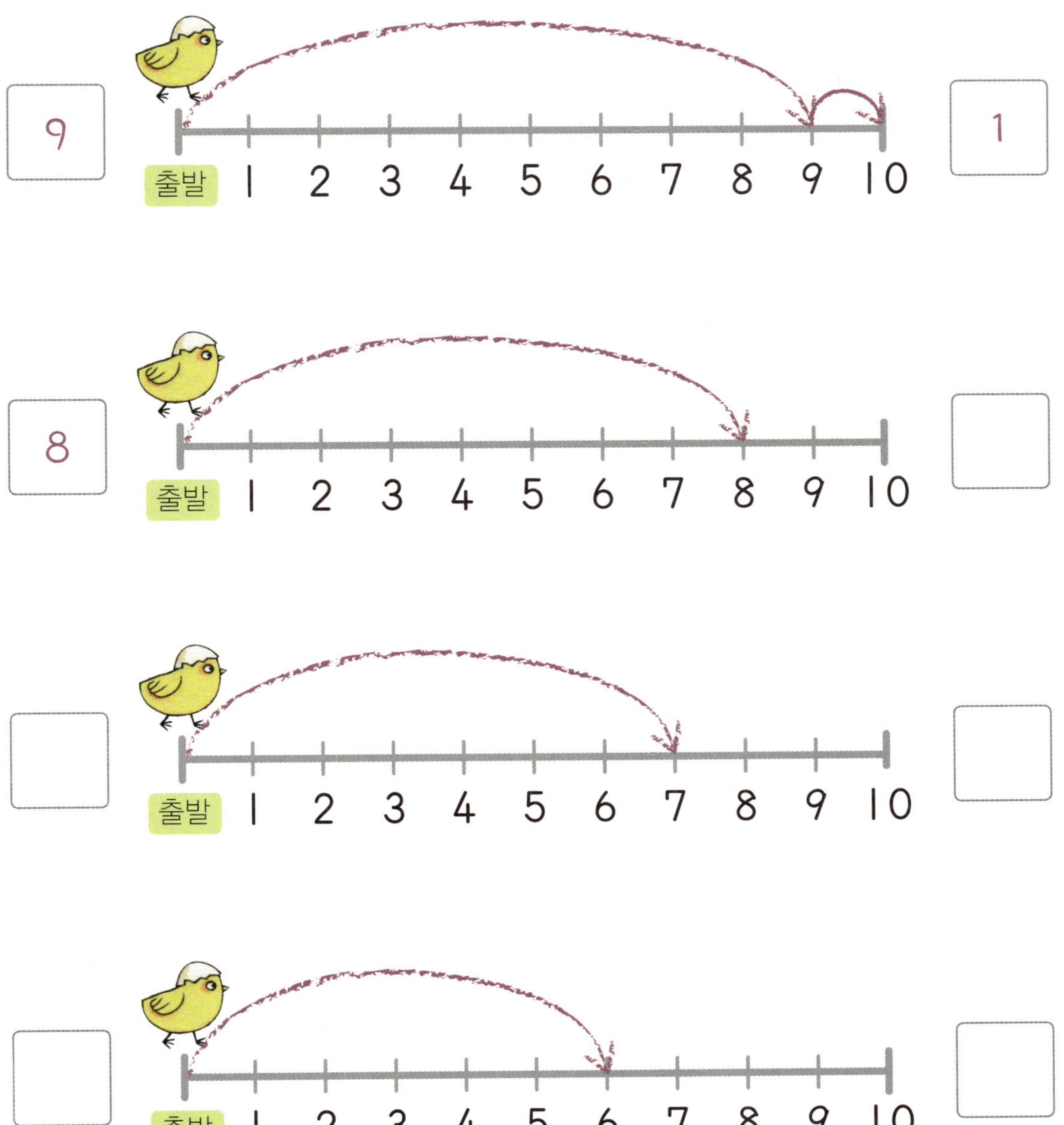

10 가르기

수 카드로 10 가르기 게임을 해 봅시다.

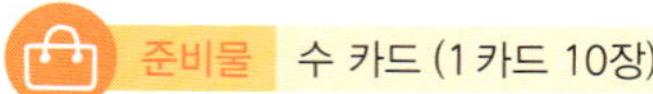

게임 방법

1. 카드 10장을 잘 섞어 뒤집어 놓습니다.

2. 카드를 두 묶음으로 가릅니다.

3. 카드 한 묶음을 뒤집어 수를 확인하고, 남은 카드의 수를 예상해 봅니다.

4. 남은 카드를 뒤집어 수를 확인합니다.

놀이판

왼쪽	오른쪽
6	4

왼쪽	오른쪽

왼쪽	오른쪽

왼쪽	오른쪽

왼쪽	오른쪽

왼쪽	오른쪽

달걀을 몇 개 먹었을까요?

남은 달걀의 개수를 보면 먹은 달걀의 개수를 알 수 있습니다.

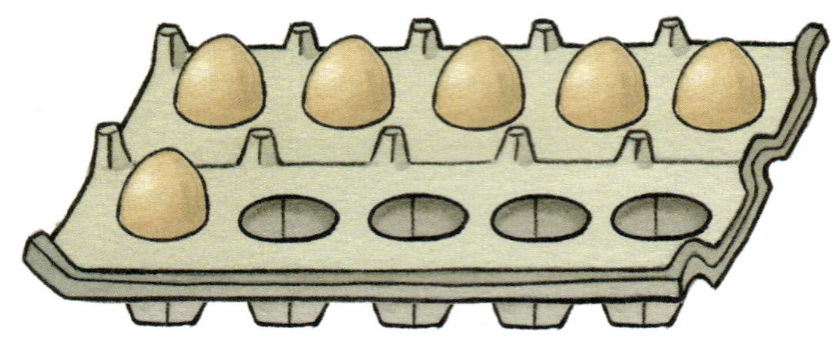

달걀이 6개 남아 있습니다.

달걀을 [4] 개 먹었습니다.

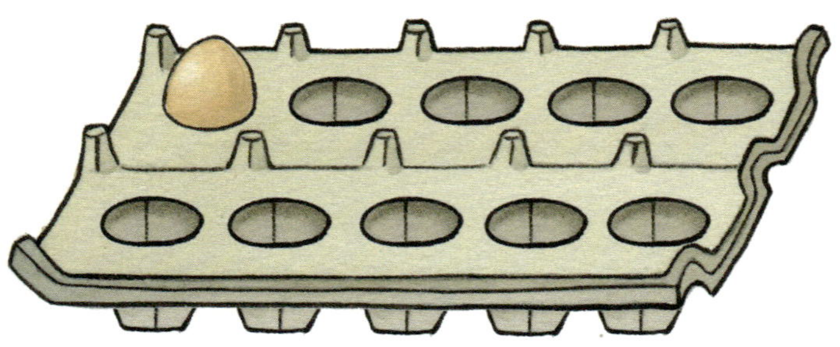

달걀이 1개 남아 있습니다.

달걀을 [9] 개 먹었습니다.

그림을 보고, 빈칸에 알맞은 수를 쓰세요.

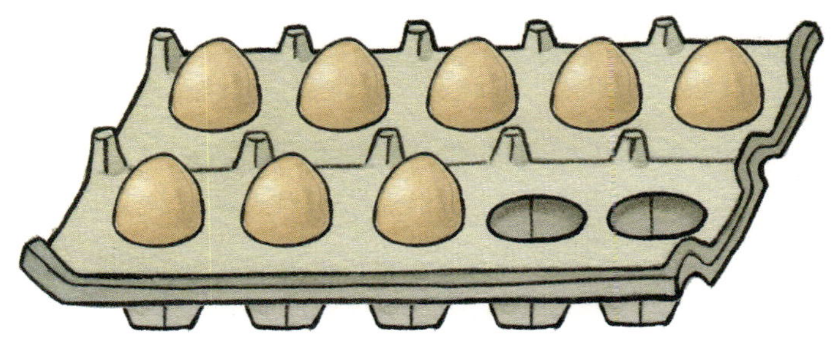

달걀이 [8] 개 남아 있습니다.

달걀을 [ ] 개 먹었습니다.

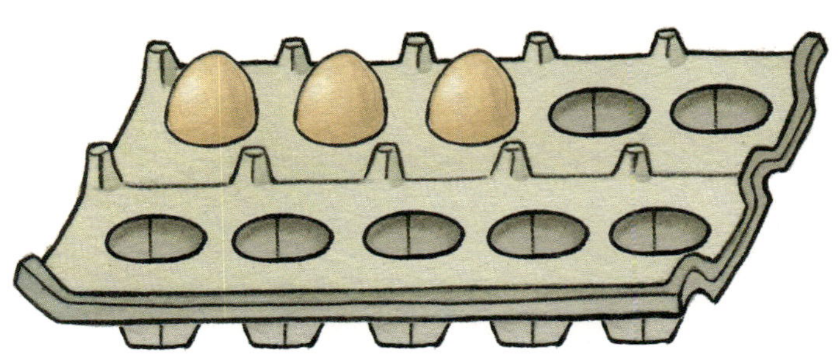

달걀이 [ ] 개 남아 있습니다.

달걀을 [ ] 개 먹었습니다.

개념 알기 3 10 가르기와 모으기

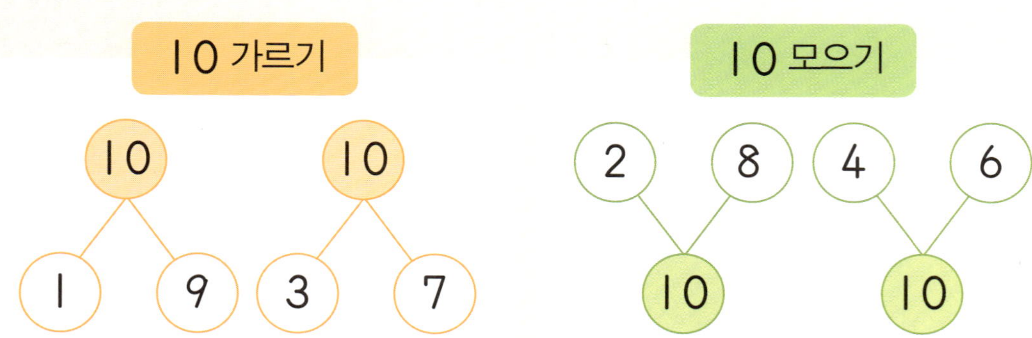

- 10을 두 수로 가르고 모으는 방법은 여러 가지입니다.
- 10은 1과 9, 2와 8, 3과 7, 4와 6, 5와 5로 가를 수 있습니다.
- 1과 9, 2와 8, 3과 7, 4와 6, 5와 5를 모으면 10이 됩니다.

1 10을 두 수로 가르고, 두 가지 색으로 ○를 색칠하세요.

2 10을 가르기, 모으기 한 것을 보고 빈칸에 알맞은 수를 써넣으세요.

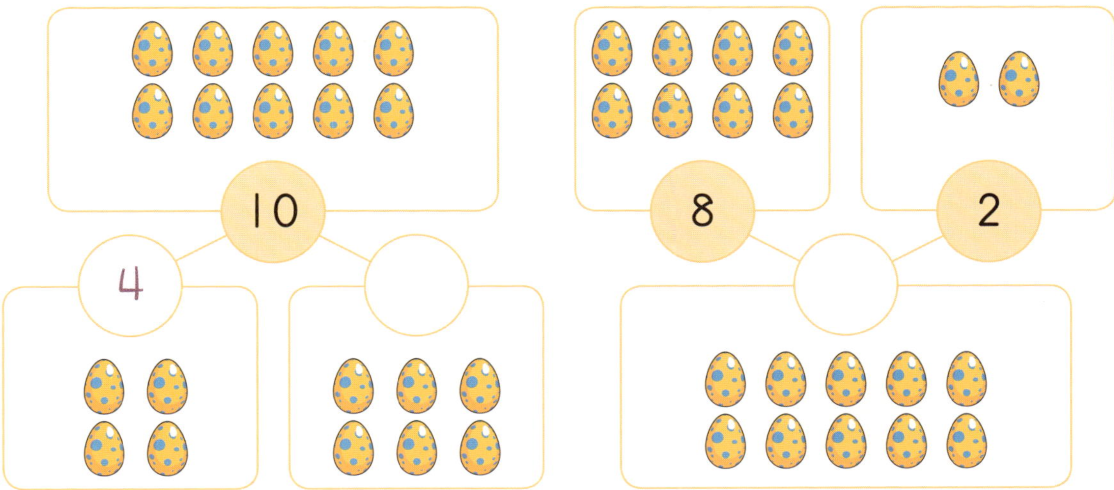

3 상자에 구슬이 10개씩 있습니다. 보이지 않는 구슬은 몇 개인지 쓰세요.

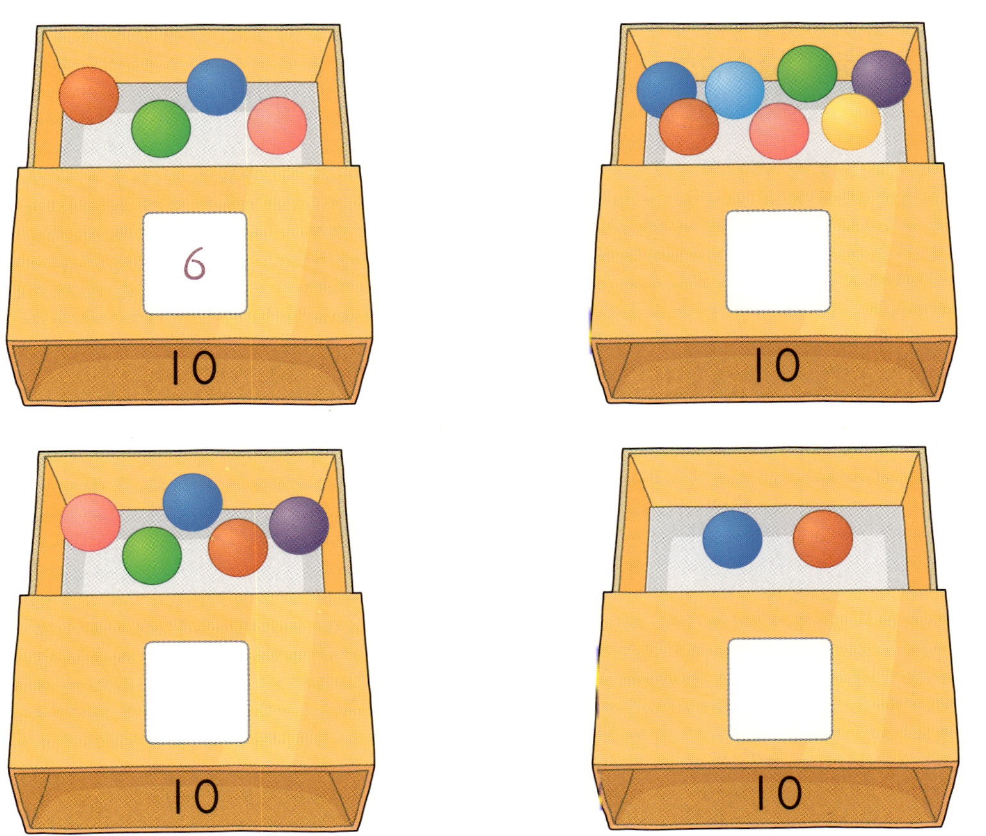

개념 알기 4 10을 세 수로 가르기와 모으기

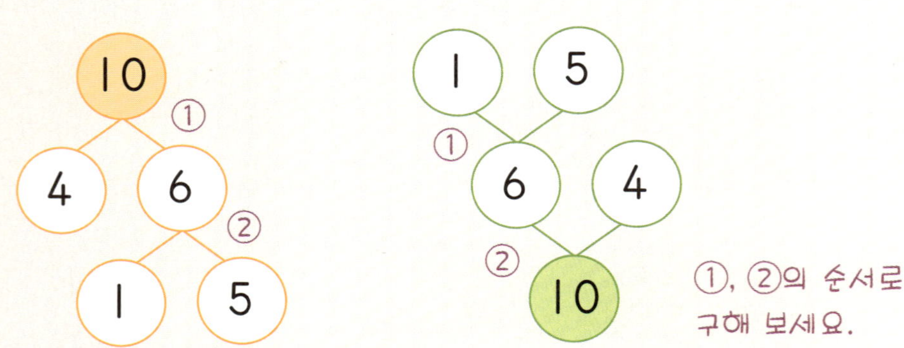

• 10은 4와 6으로 가를 수 있고, 6은 1과 5로 가를 수 있습니다.

➡ 10은 4와 1과 5로 가를 수 있습니다. (1과 5 → 6)

• 1과 5를 모으면 6이 되고, 6과 4를 모으면 10이 됩니다.

➡ 1, 5, 4를 모으면 10이 됩니다. (1, 5 → 6)

1 그림을 보고 빈칸에 알맞은 수를 쓰세요.

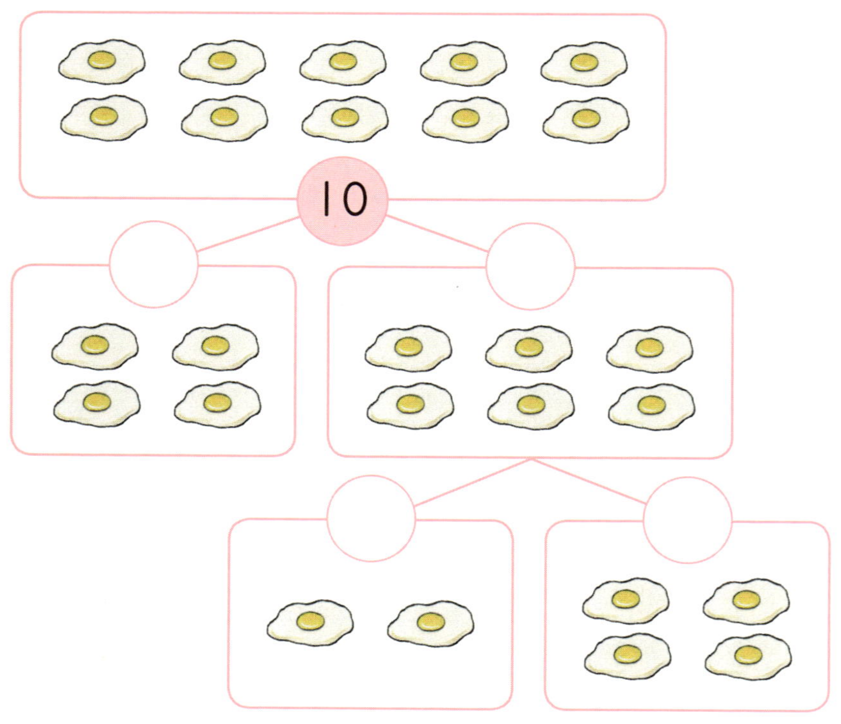

2 10이 되도록 붙임 딱지를 붙이고, 알맞은 수를 쓰세요.

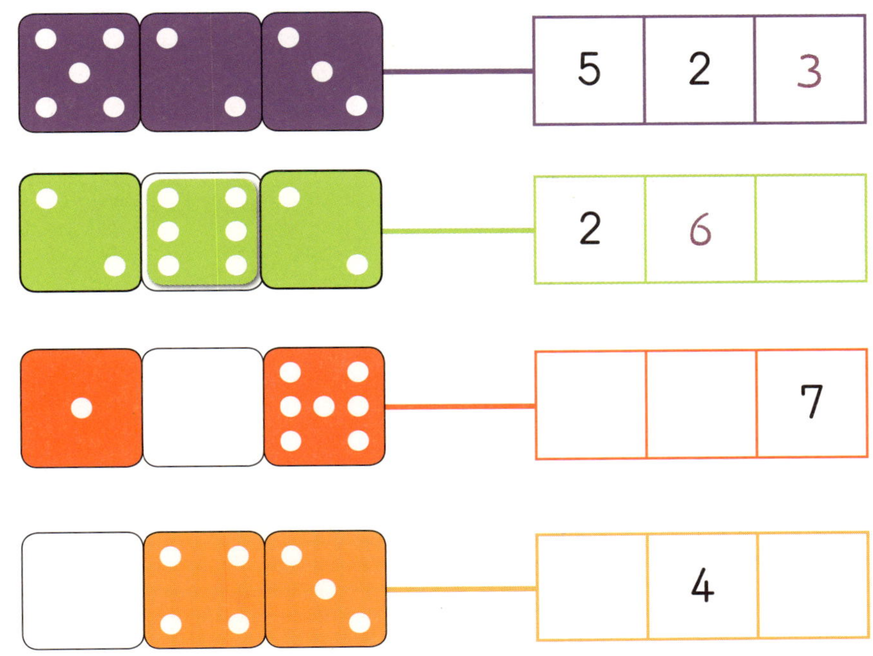

3 빈칸에 알맞은 수를 쓰세요.

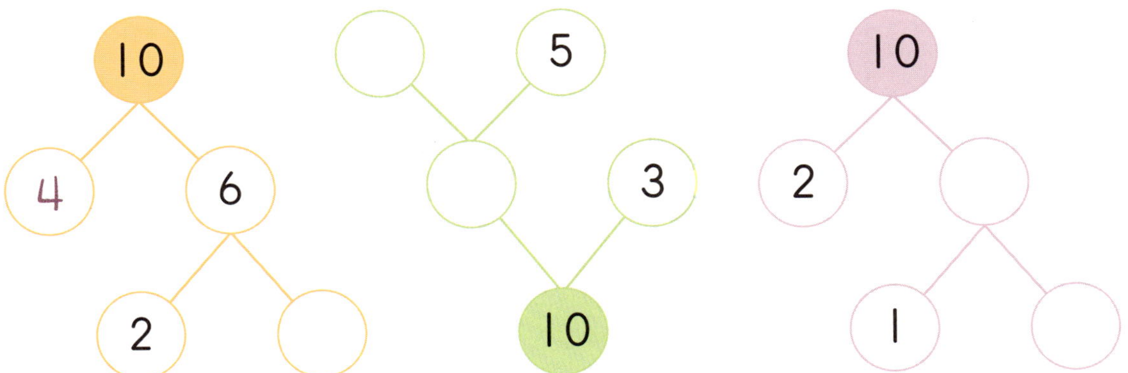

스토리텔링 창의수학

[10이 되는 그림]

1 모아서 10이 되는 그림에는 ○표, 아닌 그림에는 ×표 하세요.

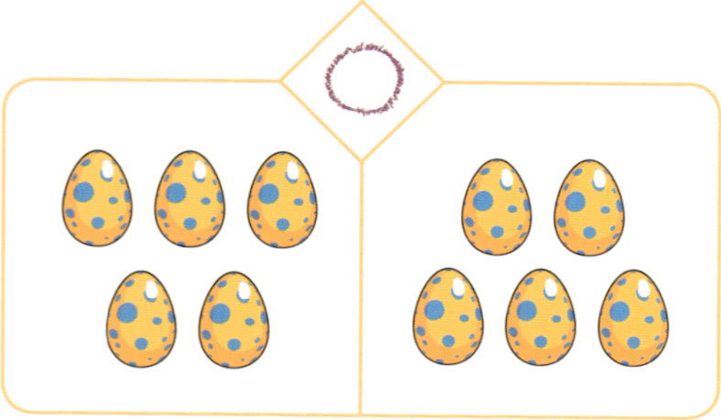

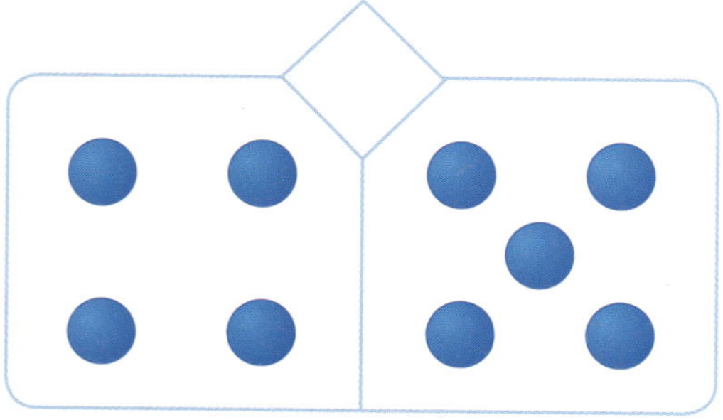

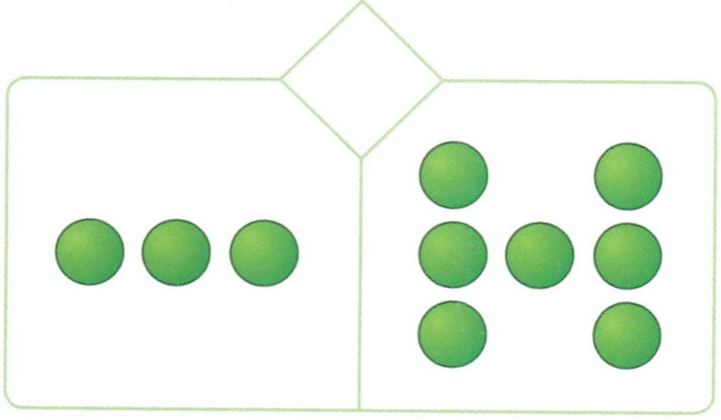

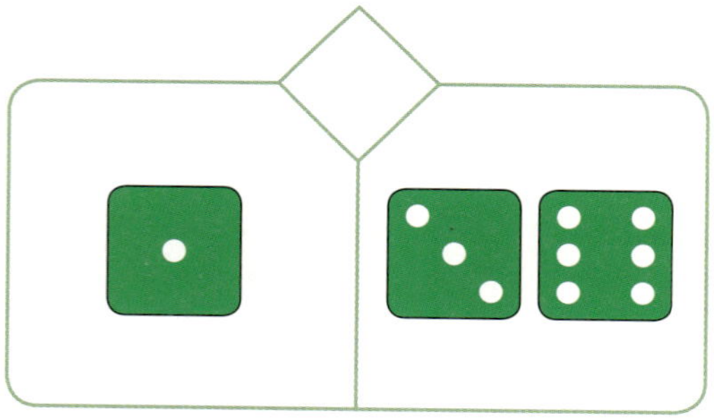

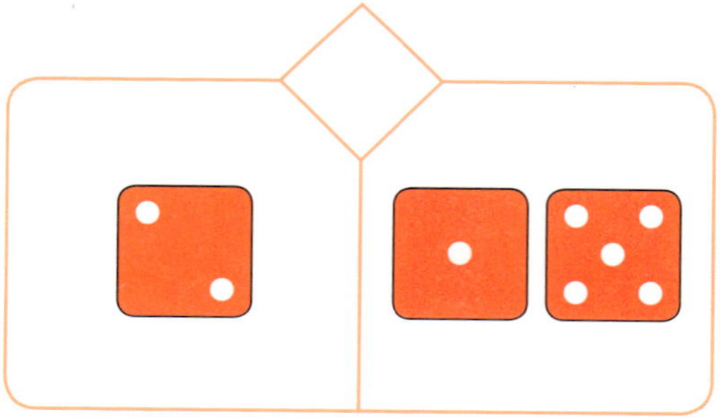

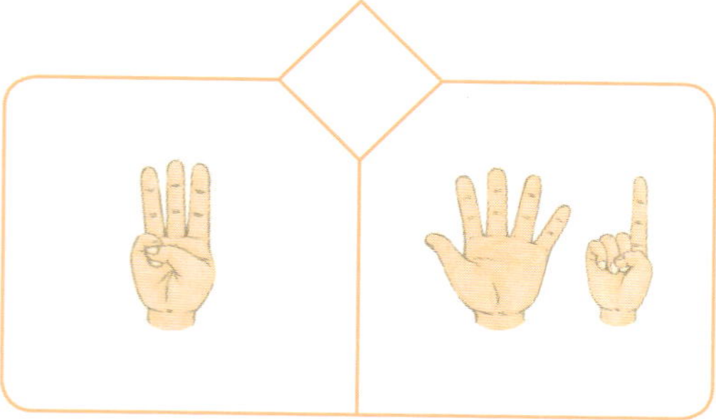

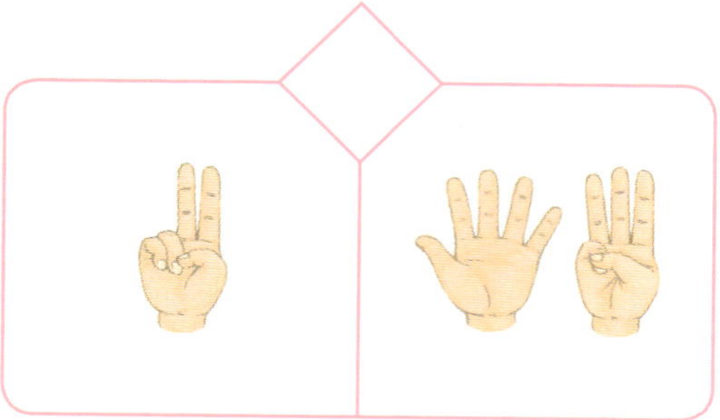

[10 가르기, 모으기]

2 10을 두 수로 가르고, 모으는 방법은 여러 가지입니다. 빈 곳에 ○를 그리고, 알맞은 수를 쓰세요.

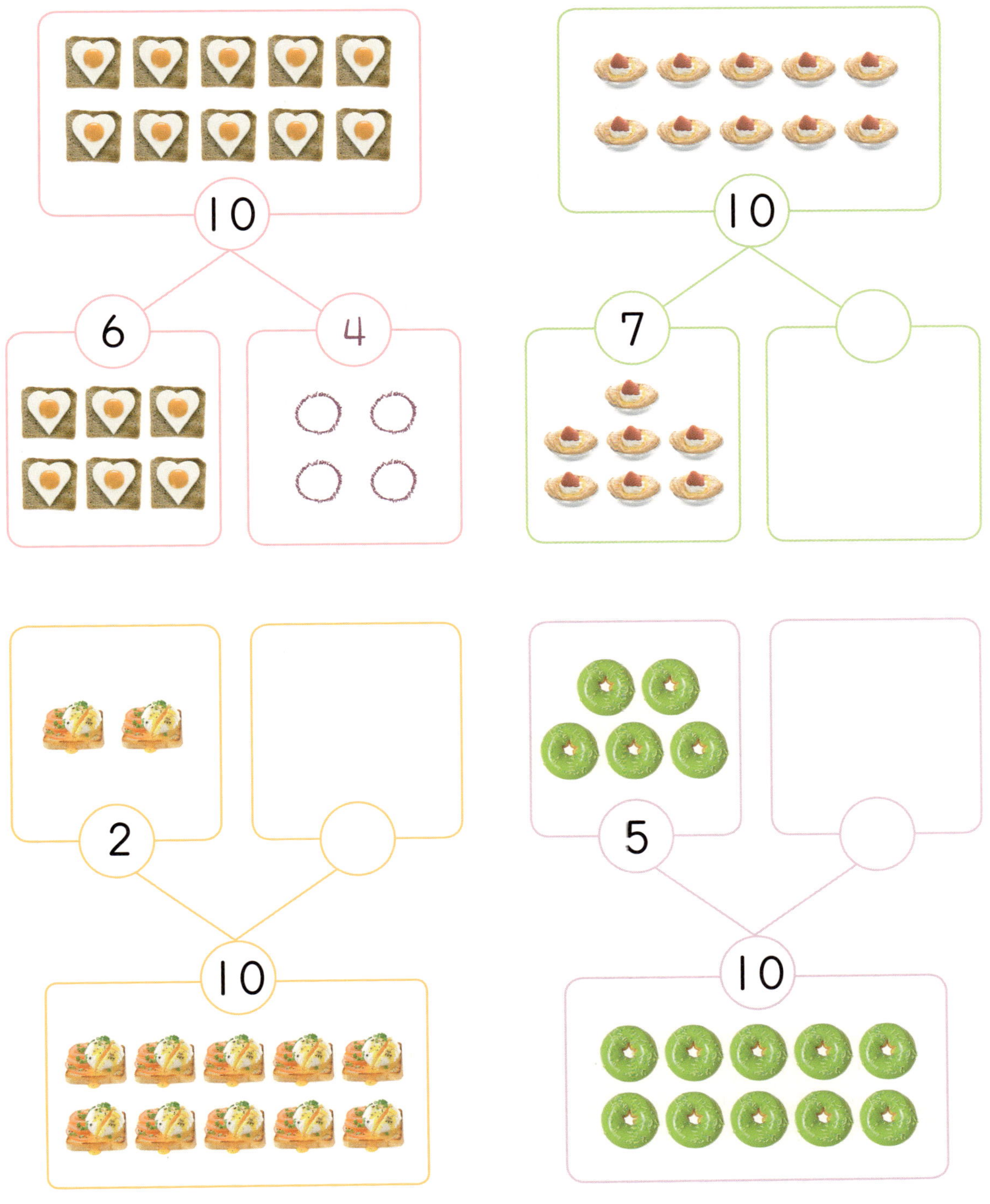

[달걀의 개수]

3 달걀이 10개 있습니다. 프라이팬에 가려진 달걀의 개수를 쓰세요.

[주사위 눈의 수]

4 같은 줄에 놓인 주사위 눈의 수가 10개가 되도록 붙임 딱지를 붙여 보세요.

붙임 딱지 주사위 2

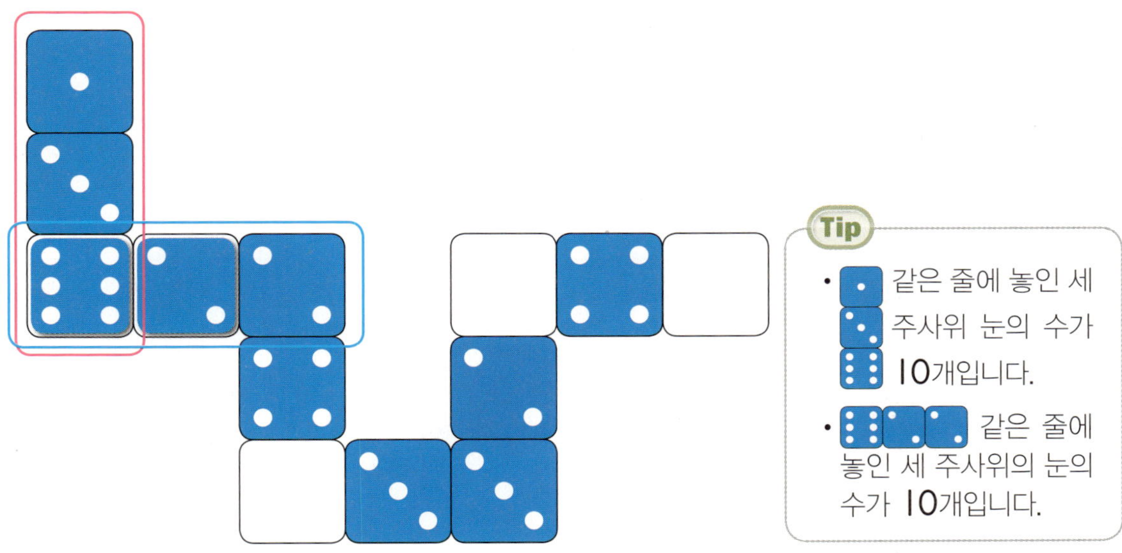

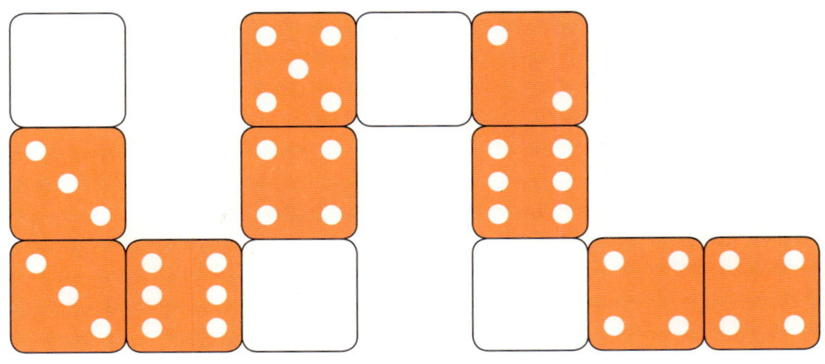

슈퍼푸드

슈퍼푸드는 우리 몸에 면역력을 증가시켜 노화를 늦춰주는 식품을 말합니다. 대표적으로 연어, 콩, 블루베리, 브로콜리, 토마토, 파프리카, 귀리, 호박 등이 있습니다. 이 식품에는 여러 가지 영양소가 골고루 들어 있어서 우리 몸을 튼튼하게 만들어 줍니다.

연어
호박
파프리카
브로콜리
귀리
블루베리
토마토
콩

Q 콩으로 만든 두부는 영양만점 요리의 최고의 재료입니다. 두부 10모를 사서 요리를 했습니다. 남은 두부는 몇 모일까요?

A

➡ 남은 두부 : ☐ 모

남은 두부 : 3모

요리 II

1

생각 열기 생일 초로 나이를 알 수 있어요.

개념 알기 1 15까지의 수 (1)

개념 알기 2 15까지의 수 (2)

스토리텔링 창의수학

수학 게임 20 가르기

2

생각 열기 생일 초를 꽂아요.

개념 알기 3 19까지의 수

개념 알기 4 20 알아보기

스토리텔링 창의수학

지식 백과 설탕, 많이 먹어도 될까요?

누구 생일 케이크일까?

이모의 생일 초는 2개?

우리 엄마는
사랑하는 가족들의 생일 케이크를
직접 만들어.

엄마의 케이크는
정말 맛있어.

초콜릿을 좋아하는
동생의 생일

치즈를 좋아하는
오빠의 생일

어?! 이상하다.

나이가 많을수록
왜 생일 초의 개수가 줄어들지?

생일 초로 나이를 알 수 있어요.

생일 케이크의 초의 개수를 보면 나이를 알 수 있습니다. 2살, 3살, 4살, ……, 8살, 9살! 나이가 많아질수록 초의 개수도 많아집니다.

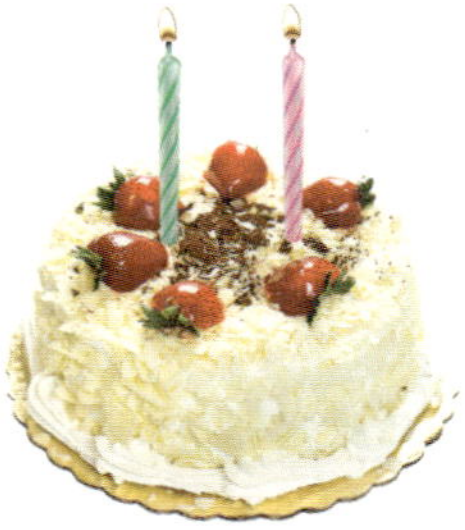

2 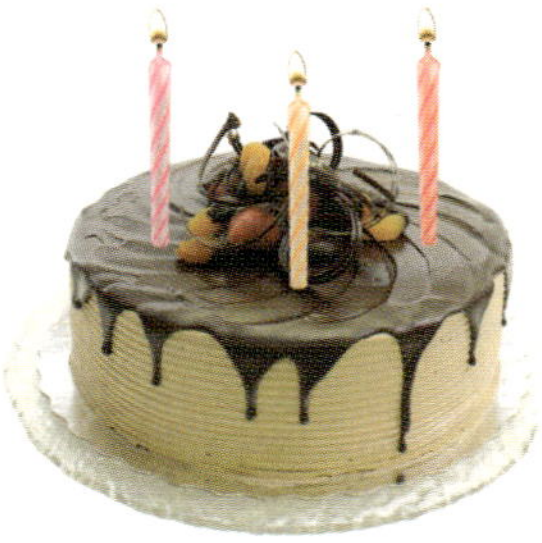 3 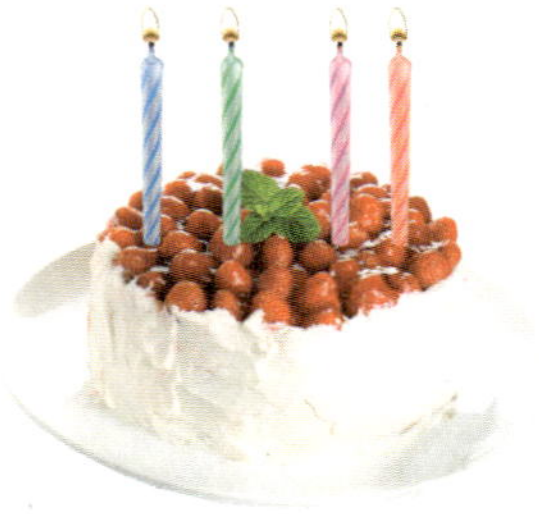 4

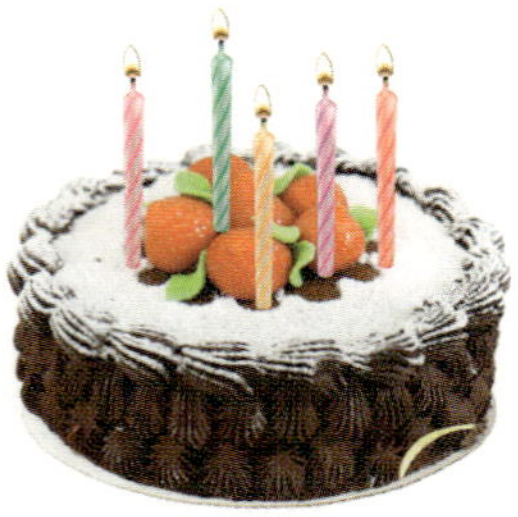

5 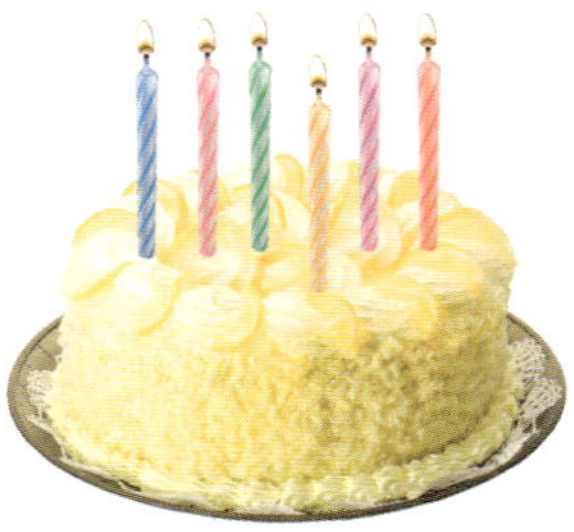 6 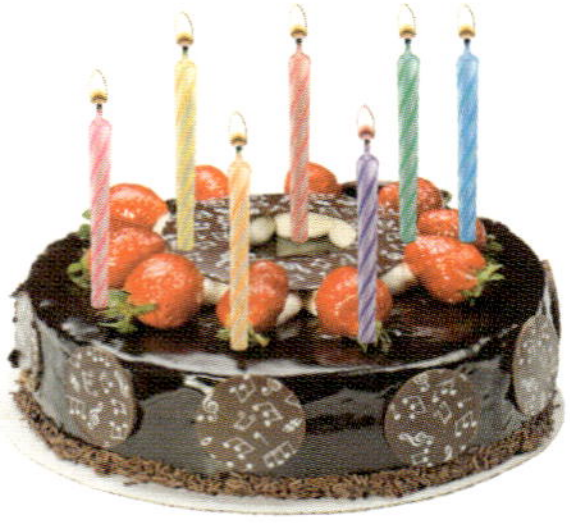 7

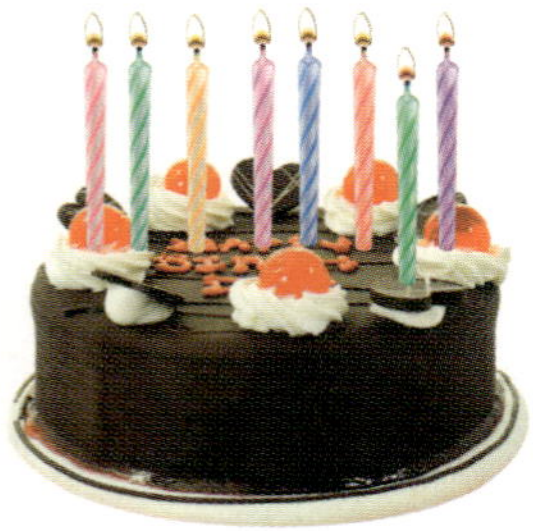

8 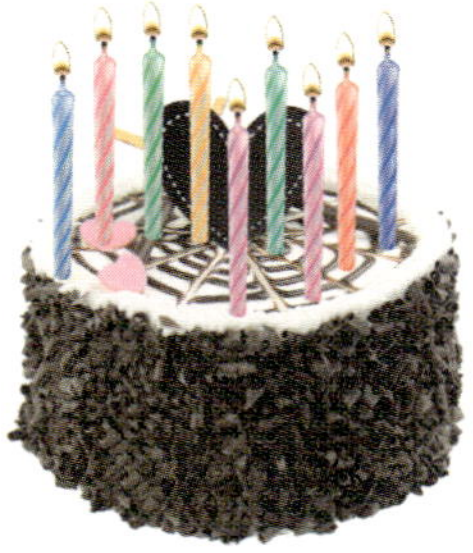 9 ?

10

10살의 생일 케이크입니다. 케이크에 꽂힌 초의 개수가 다릅니다.
어떻게 된 일인지 이야기해 보세요.

15까지의 수 (1)

수	읽기	수	읽기
11	십일, 열하나	14	십사, 열넷
12	십이, 열둘	15	십오, 열다섯
13	십삼, 열셋		

1 케이크의 개수를 세어 쓰세요.

2 안의 수가 되도록 붙임 딱지를 붙여 보세요.

3 관계있는 것끼리 선으로 이어 보세요.

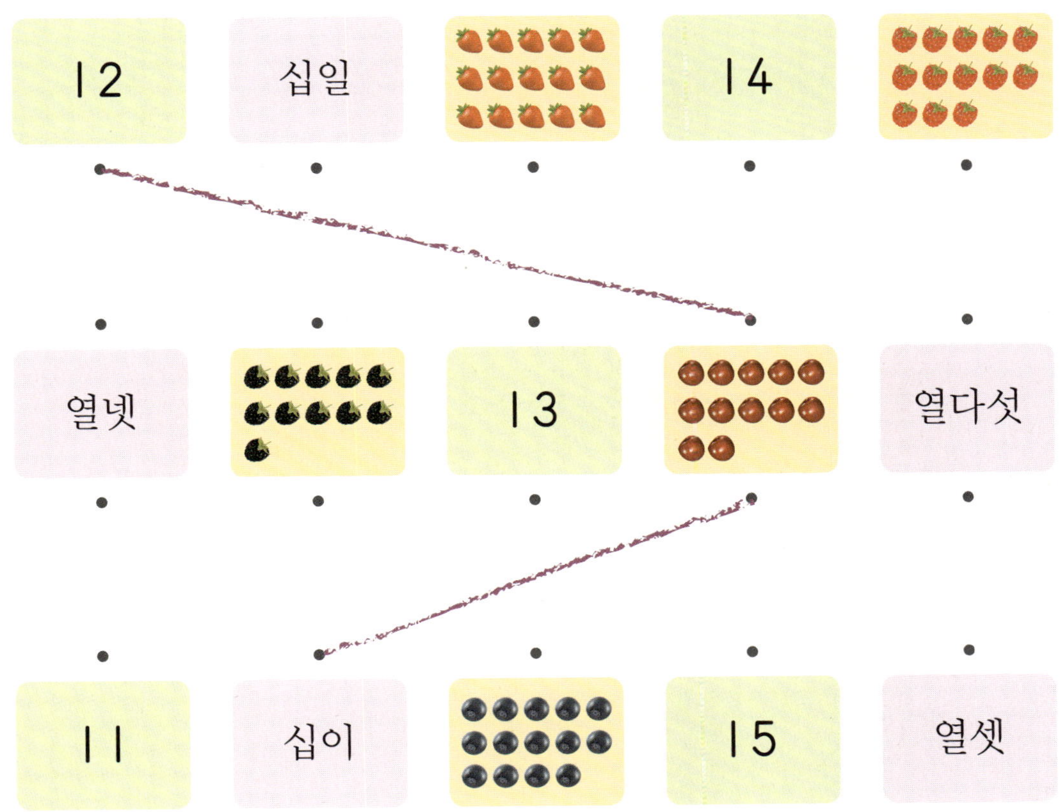

15까지의 수 (2)

- 11은 ①이 11개입니다.
- 11은 ⑤가 1개, ①이 6개입니다.
- 11은 ⑤가 2개, ①이 1개입니다.
- 11은 ⑩이 1개, ①이 1개입니다.

1 동전은 모두 얼마인지 쓰세요.

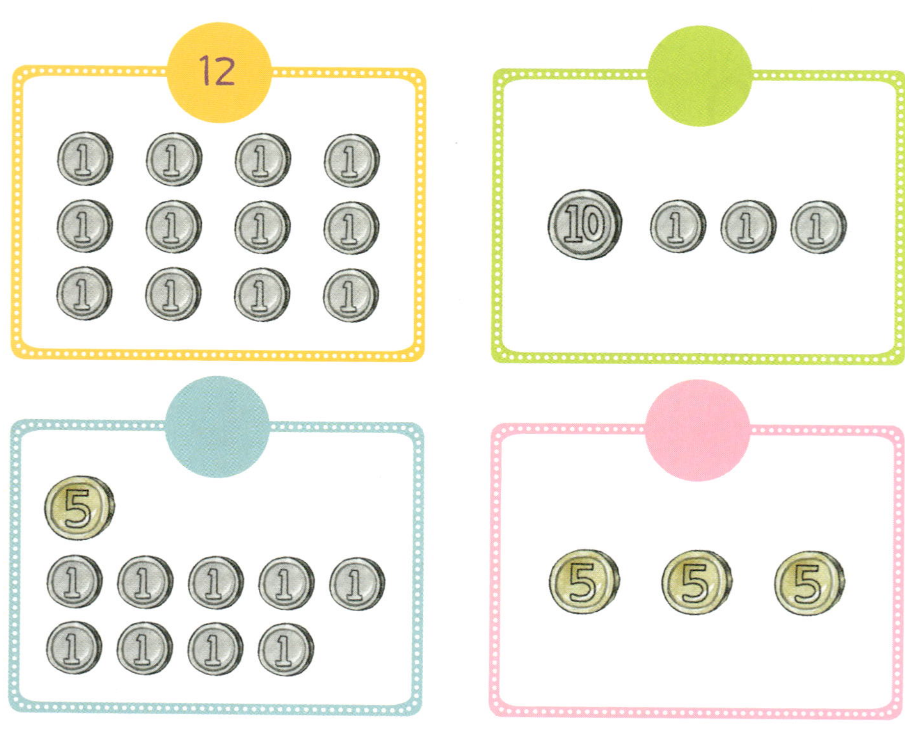

2 금액이 되도록 색칠하세요.

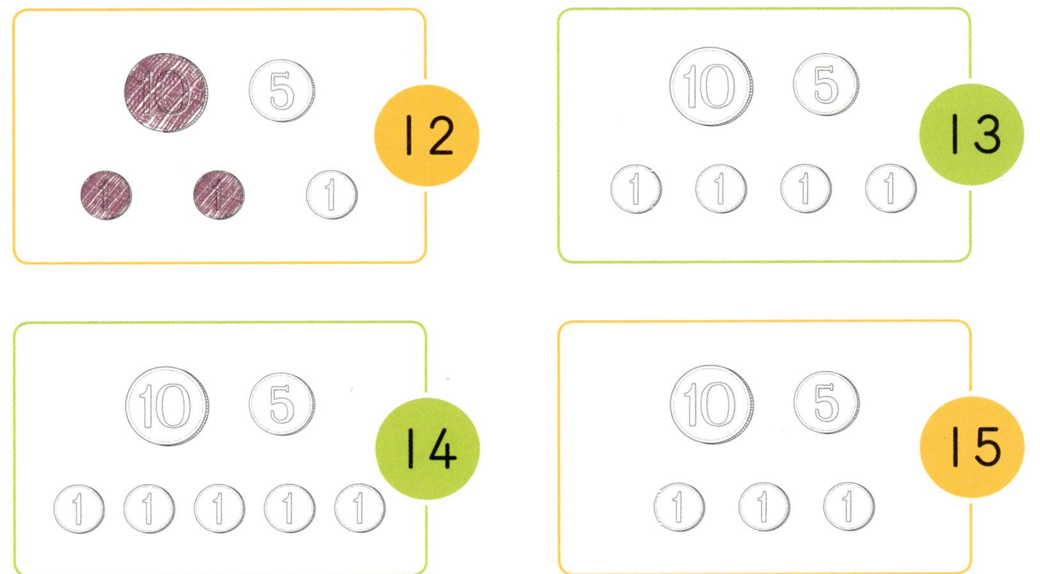

3 금액이 되도록 붙임 딱지를 붙여 보세요.

붙임 딱지 동전

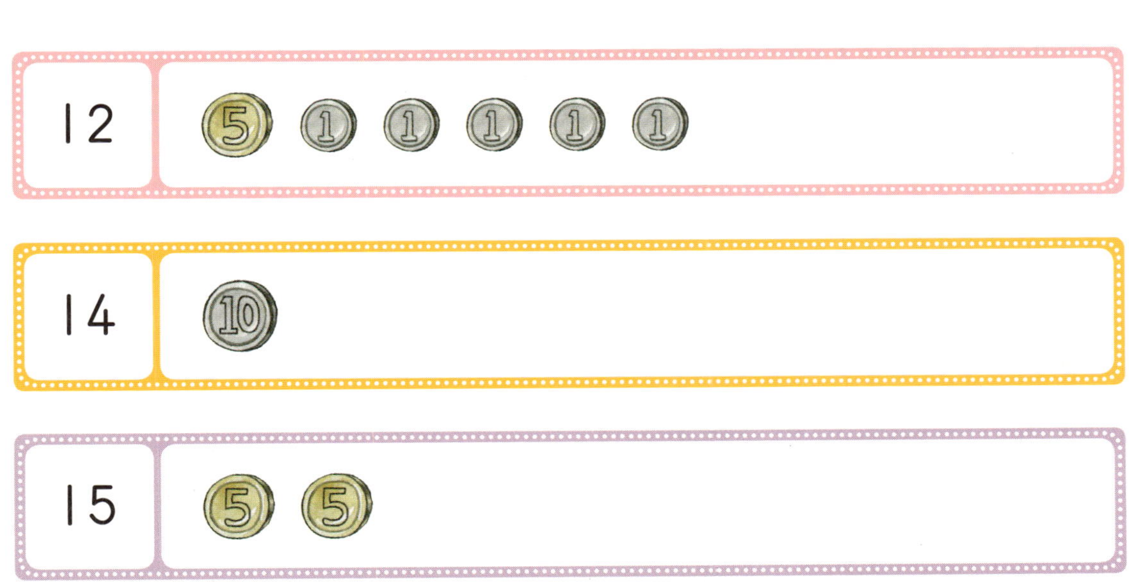

스토리텔링 창의수학

[○표 그리기]

1 주어진 수만큼 ○를 그려 보세요.

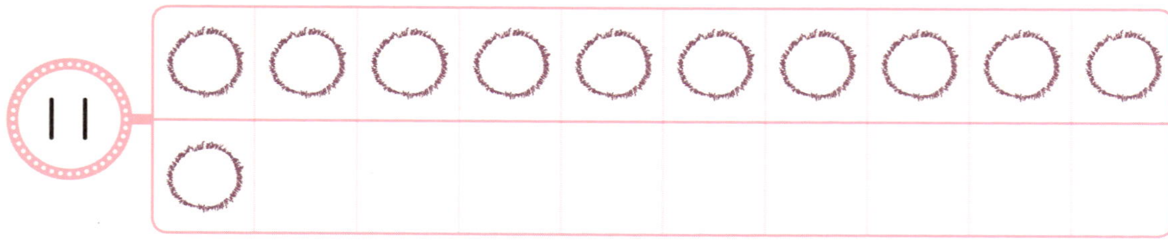

[동전]

2 세 친구가 길을 따라 가려고 합니다. 지나는 길에 놓인 동전은 모두 얼마인지 쓰세요.

[케이크]

3 여러 가지 케이크를 10개씩 묶고, 개수를 세어 빈칸에 알맞은 수 또는 말을 쓰세요.

	13	십삼	열셋
	11	십일	
	14		열넷
	12	십이	
		십오	

[동전 지우기]

4 필요하지 않은 동전을 모두 찾아 ×표 하세요.

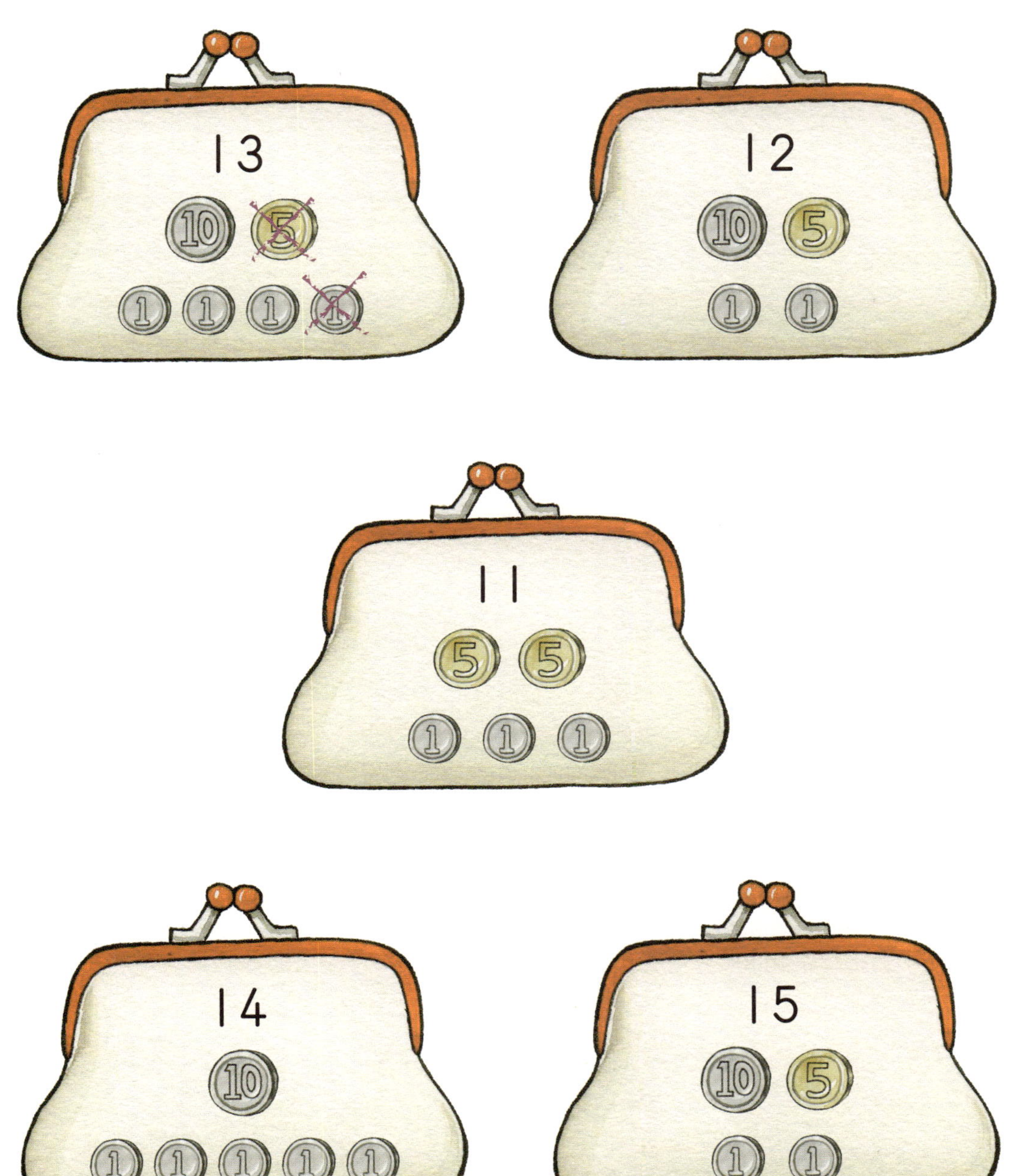

20 가르기

수 카드로 20 가르기 게임을 해 봅시다.

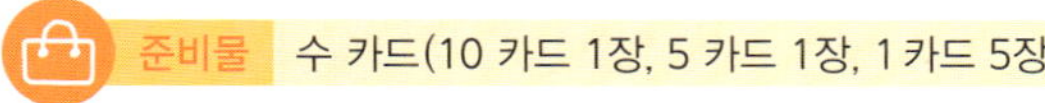

게임 방법

1. 카드 7장을 잘 섞어 뒤집어 놓습니다.

2. 카드를 두 묶음으로 가릅니다.

3. 카드 한 묶음을 뒤집어 수를 확인하고, 남은 카드의 수를 예상해 봅니다.

4. 남은 카드를 뒤집어 수를 확인합니다.

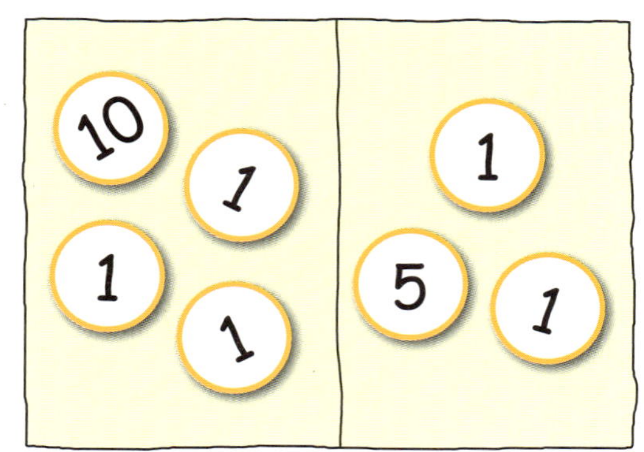

놀이판

왼쪽	오른쪽
13	7

왼쪽	오른쪽

왼쪽	오른쪽

왼쪽	오른쪽

왼쪽	오른쪽

왼쪽	오른쪽

생일 초를 꽂아요.

나이 수만큼 생일 초를 꽂았습니다. 초와 나이를 비교해 볼까요?

16

17

18

19

20살 이모의 생일 케이크에 생일 초를 꽂는 서로 다른 방법을 찾아 붙임 딱지를 붙여 보세요.

붙임 딱지 생일 초

20

20

20

19까지의 수

수	읽기	수	읽기
16	십육, 열여섯	18	십팔, 열여덟
17	십칠, 열일곱	19	십구, 열아홉

1 과일을 10개씩 묶고, 빈칸에 알맞은 수를 쓰세요.

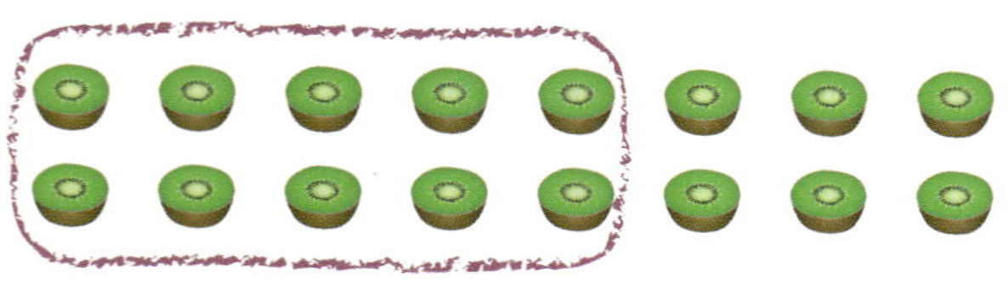

10개씩 묶음	낱개
1	6
16	

10개씩 묶음	낱개

10개씩 묶음	낱개

10개씩 묶음	낱개

2 동전은 모두 얼마인지 쓰세요.

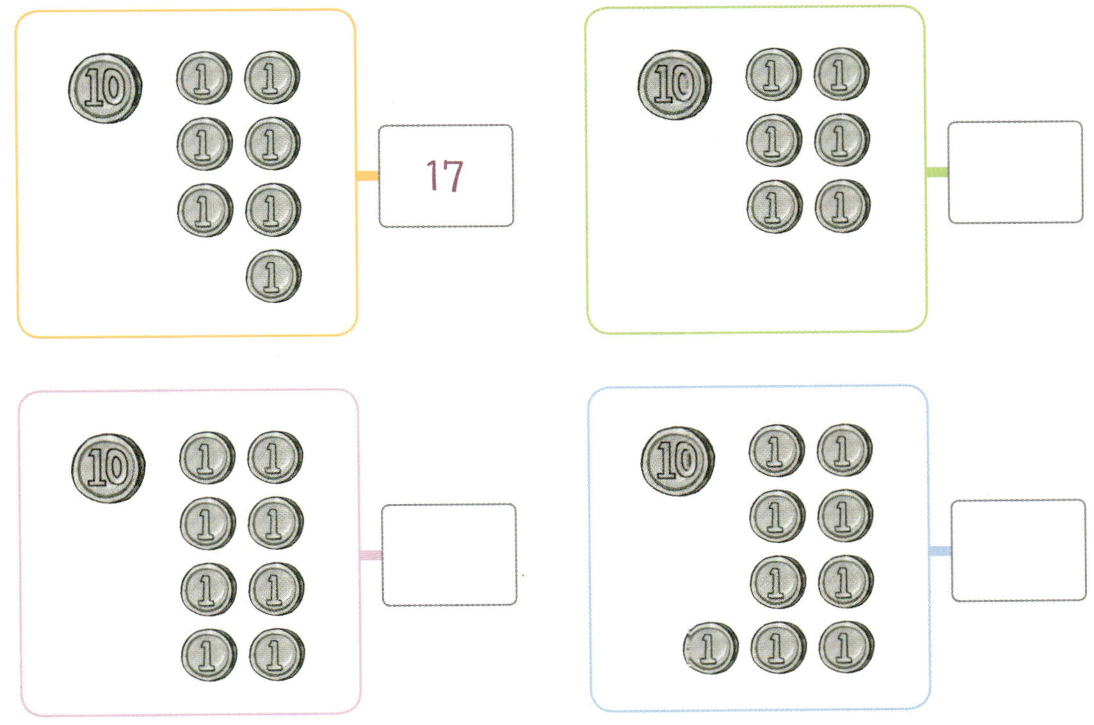

3 주어진 수가 되도록 △를 그려 보세요.

20 알아보기

- 20은 1이 20개입니다.
- 20은 10이 2개입니다.
- 20은 이십 또는 스물이라고 읽습니다.

1 모두 얼마인지 쓰세요.

2 20이 되도록 ○를 그리고, 개수를 세어 쓰세요.

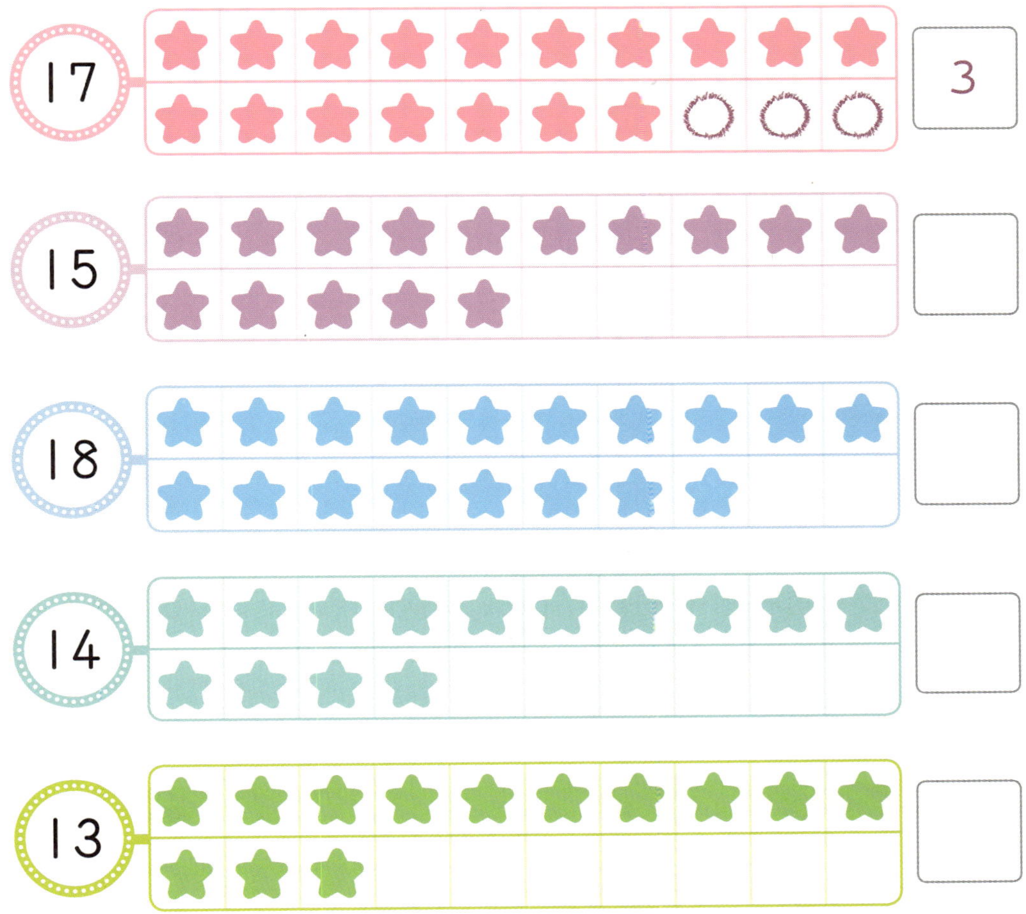

3 저금통의 돈이 20원이 되도록 만듭니다. 필요한 동전에 색칠하세요.

스토리텔링 창의수학

[묶음, 낱개]

1 도넛을 10개씩 묶고, 빈칸에 알맞은 수를 쓰세요.

10개씩 묶음	낱개
1	7

도넛은 모두 [17] 개입니다.

10개씩 묶음	낱개

도넛은 모두 [ ] 개입니다.

10개씩 묶음	낱개

도넛은 모두 [ ] 개입니다.

10개씩 묶음	낱개

도넛은 모두 [ ] 개입니다.

[같은 수]

2 같은 수를 나타내는 것끼리 선으로 이어 보세요.

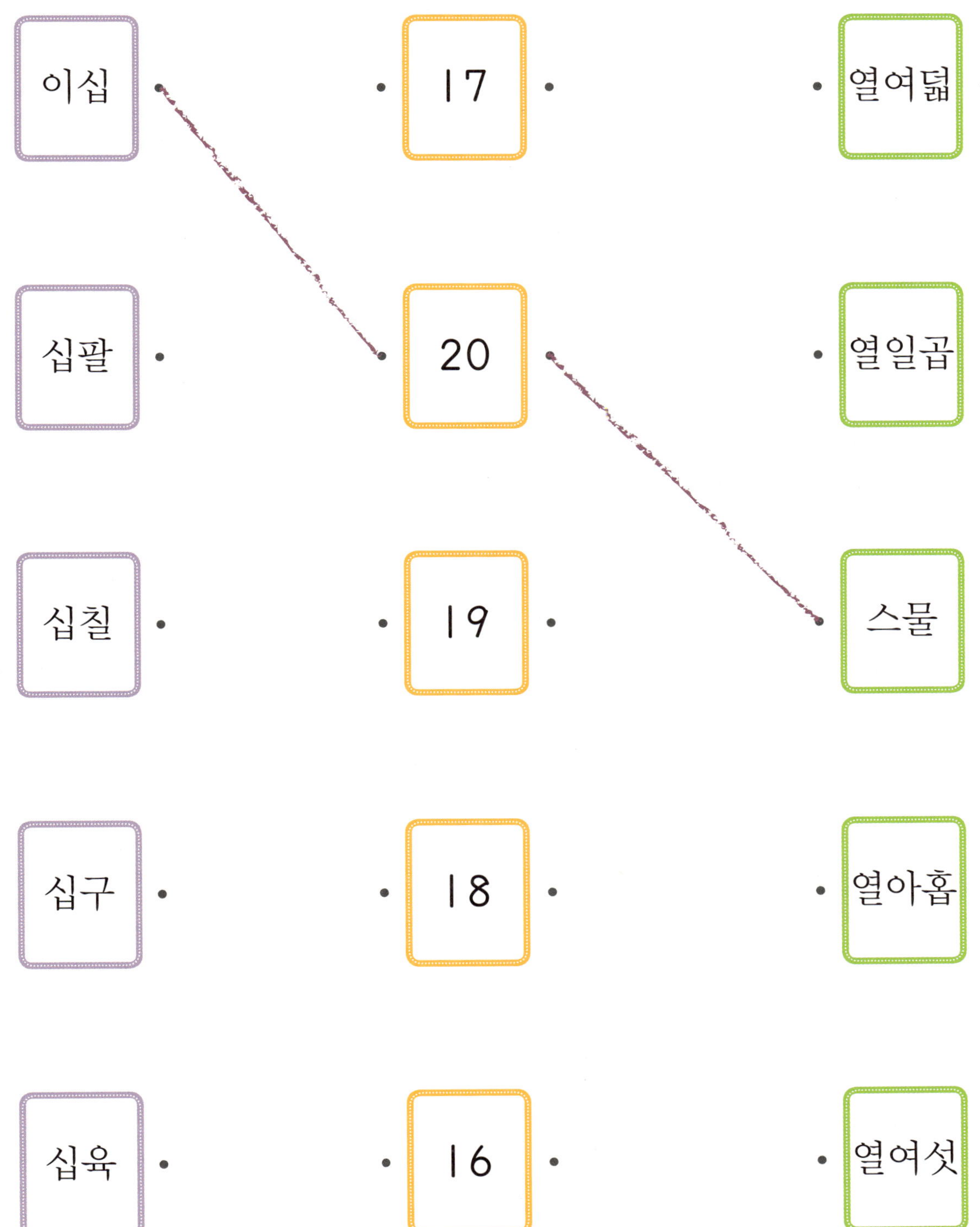

[큰 수, 작은 수]

3 그림으로 나타내고, 빈칸에 알맞은 수를 쓰세요.

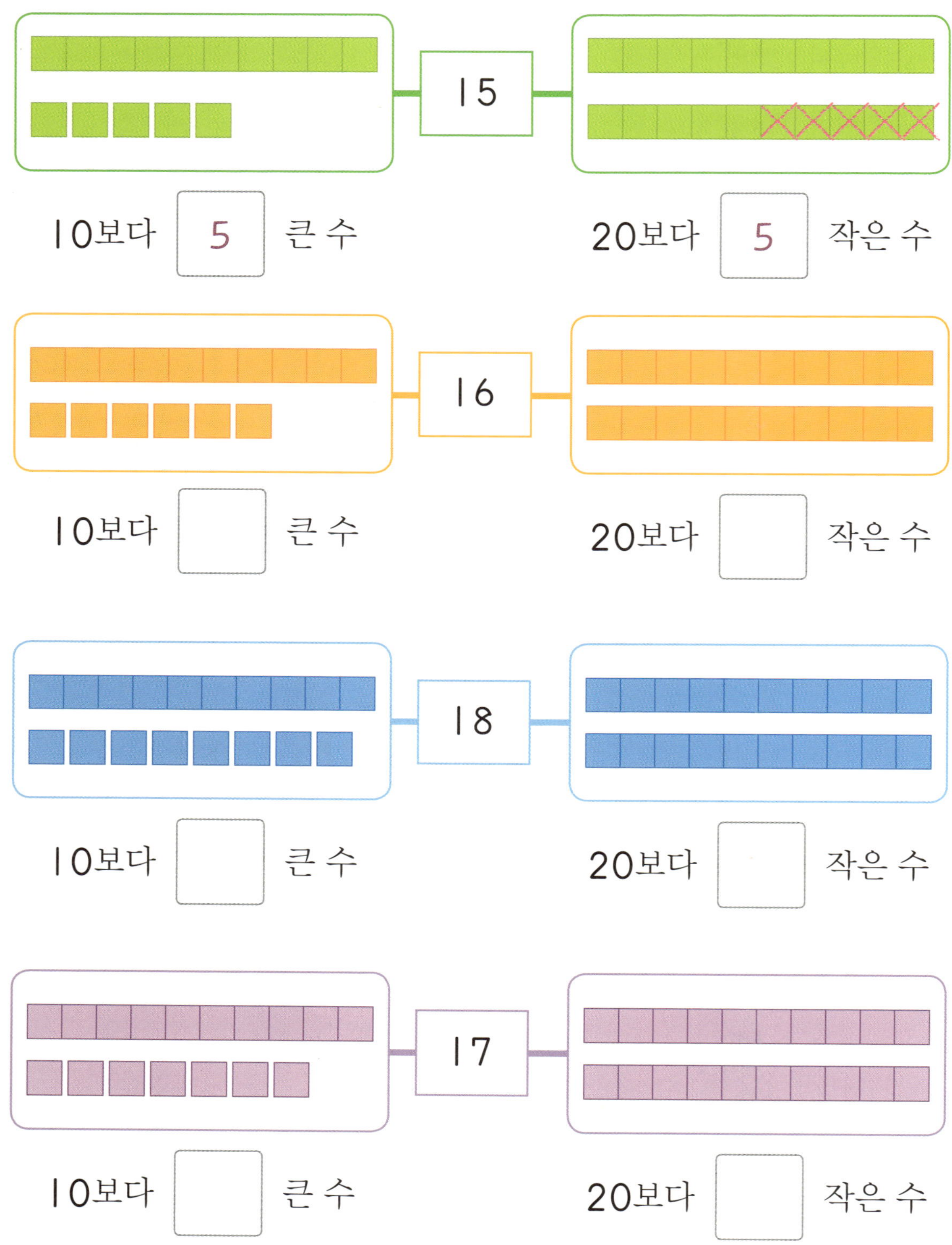

[20 모으기]

4 20 모으기를 하는 과정입니다. 빈칸에 알맞은 수를 쓰세요.

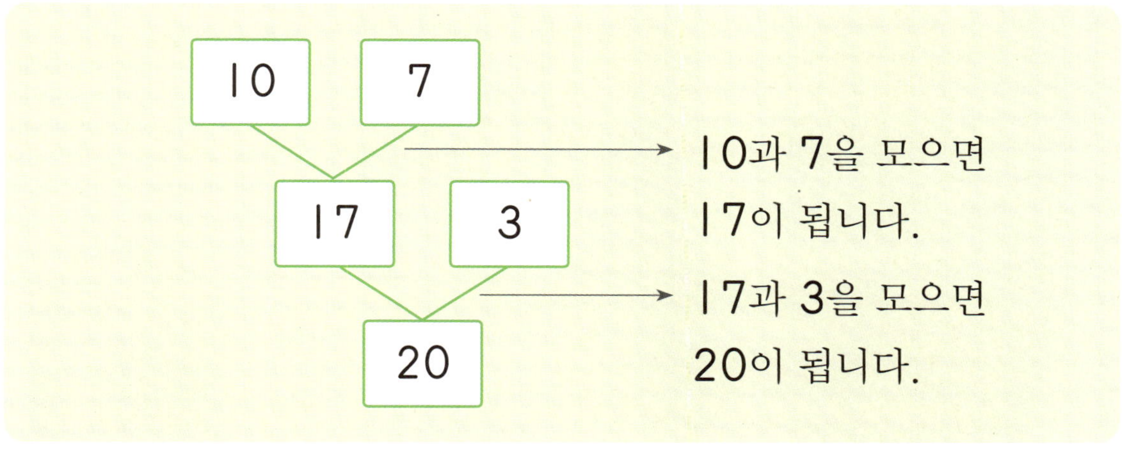

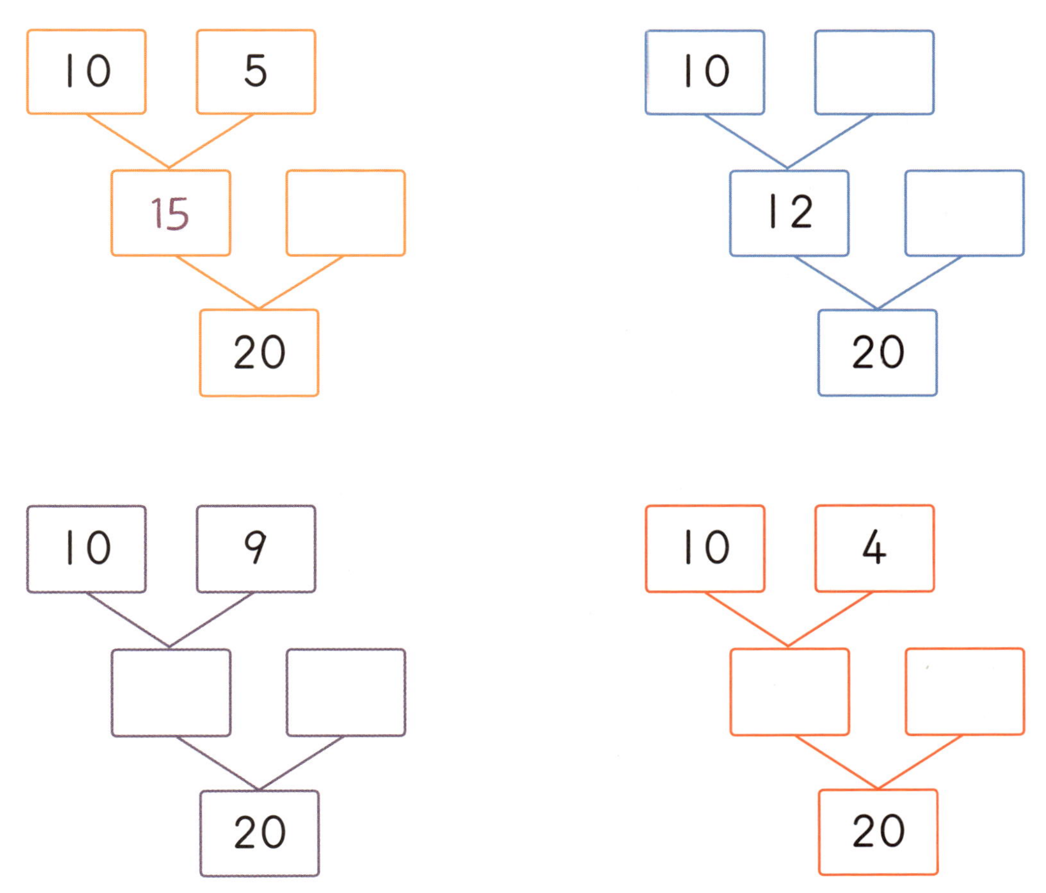

지식 백과 설탕, 많이 먹어도 될까요?

케이크의 달콤한 맛을 내는 것은 설탕입니다. 설탕을 많이 먹으면 충치가 생기고 비만이 될 수 있으며, 입맛도 떨어지고 쉽게 피로를 느낍니다. 그래서 각설탕으로 하루에 어른은 10개, 어린이는 6개보다 적게 먹기를 권합니다. 다음은 음식에 들어 있는 설탕의 양입니다.

비스킷

콜라

초코바

요거트

맛있는 간식, 옥수수와 고구마에도
설탕이 들어 있을까요?

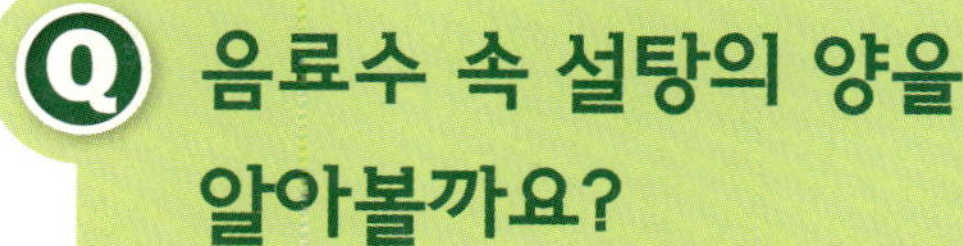

Q 음료수 속 설탕의 양을 알아볼까요?

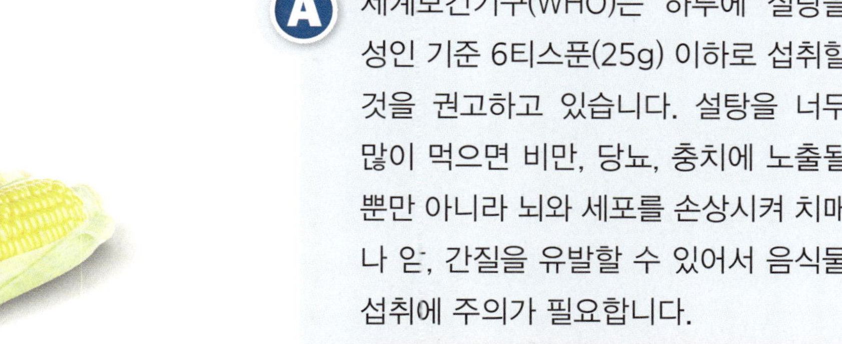

A 세계보건기구(WHO)는 하루에 설탕을 성인 기준 6티스푼(25g) 이하로 섭취할 것을 권고하고 있습니다. 설탕을 너무 많이 먹으면 비만, 당뇨, 충치에 노출될 뿐만 아니라 뇌와 세포를 손상시켜 치매나 암, 간질을 유발할 수 있어서 음식물 섭취에 주의가 필요합니다.

음료수 종류	각설탕 개수
탄산음료(100mL)	3개
요구르트(100mL)	5개
어린이 음료(100mL)	4개
이온음료(100mL)	2개
에너지음료(100mL)	3개
캔커피(100mL)	5개

옥수수

고구마

요리 III

1

생각 열기 싱싱 샐러드를 만들어요.
개념 알기 1 둘씩 짝을 지어요.
개념 알기 2 짝수와 홀수
스토리텔링 창의수학
수학 게임 짝수와 홀수 말하기

2

생각 열기 빈 곳에 무를 심어요.
개념 알기 3 수 배열표
개념 알기 4 뛰어 세기
스토리텔링 창의수학
지식 백과 5색 채소 · 과일

아삭아삭 건강 샐러드

신선한 채소로 맛있는 샐러드를 만들어 볼까?

기름진 땅을 좋아하는 당근,
따뜻한 곳을 좋아하는 토마토,
햇볕과 물을 좋아하는 상추.

뿌리채소

당근, 고구마, 무는 뿌리채소! 기름진 흙에서 잘 자라고, 맛과 영양이 풍부해요.

주말마다 우리 가족이 가꾼 채소입니다.

열매채소

토마토, 오이, 가지, 호박은 열매채소! 봄에 심어 여름, 가을에 수확해요.

잎줄기 채소

상추, 파, 배추는 잎줄기 채소! 비타민과 무기질이 풍부해서 고기와 함께 먹으면 좋아요.

오늘은 수확 하는날

빨간 토마토를 많이 먹으면 건강해져요.

상추는 바깥 잎부터 한 잎씩 떼어 따요.

당근은 땅 위로 살짝 드러난 부분이 빨간색이면 좋아요.

채소를 가꾸면서 흙, 햇빛, 온도, 물이 얼마나 소중한지 알았어요.
오늘 수확한 신선한 채소로 맛있는 샐러드를 만들어 볼까요?

생각 열기 싱싱 샐러드를 만들어요.

싱싱 샐러드를 만드는 과정입니다. 순서에 따라 샐러드를 만들어 볼까요?

1. 당근과 오이를 동글동글 예쁘게 썰어요.

2. 상추는 먹기 좋게 찢고, 방울토마토는 반으로 잘라요.

3. 마늘, 꿀, 올리브 오일, 간장, 레몬즙을 넣고, 드레싱을 만들어요.

4. 채소 위에 드레싱을 부어 주면 완성!

방울토마토 1개를 반으로 자르면 방울토마토 2조각이 생깁니다. 샐러드 송의 빈칸에 알맞은 수를 쓰세요.

둘씩 짝을 지어요.

• 딸기 1개를 반으로 자르면 2조각이 됩니다.

• 멜론 2개를 반으로 자르면 4조각이 됩니다.

• 오렌지 3개를 반으로 자르면 6조각이 됩니다.

1 둘씩 짝을 지을 수 있으면 ○표 , 짝을 지을 수 없으면 ×표 하세요.

조각 수	둘씩 짝을 지어요.	짝을 지을 수 있어요.
1		×
2		○
3		×
4		
5		
6		
7		

2 둘씩 짝을 지을 수 있으면 ○표 , 짝을 지을 수 없으면 ×표 하세요.

조각 수	둘씩 짝을 지어요.	짝을 지을 수 있어요.
14		○
15	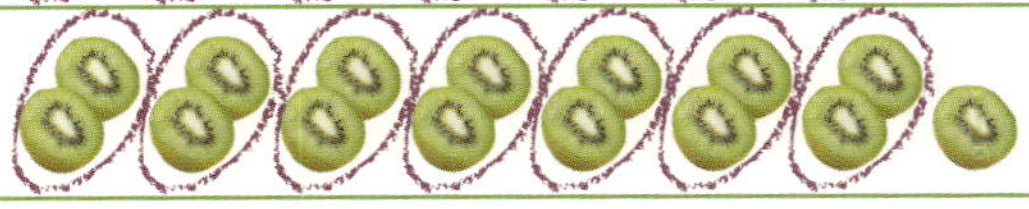	
16		
17		
18		
19		
20		

3 짝을 지을 수 있는 수와 짝을 지을 수 없는 수로 나누어 보세요.

1 2 3 4 5 6 7 8 9 10

짝을 지을 수 있는 수	짝을 지을 수 없는 수

짝수와 홀수

• 짝수는 둘씩 짝을 지을 수 있는 수입니다.

➡ 2, 4, 6, 8, 10, 12, ……

• 홀수는 둘씩 짝을 지으면 하나가 남는 수입니다.

➡ 1, 3, 5, 7, 9, 11, ……

1 과일의 개수를 쓰고, 알맞은 말에 ○표 하세요.

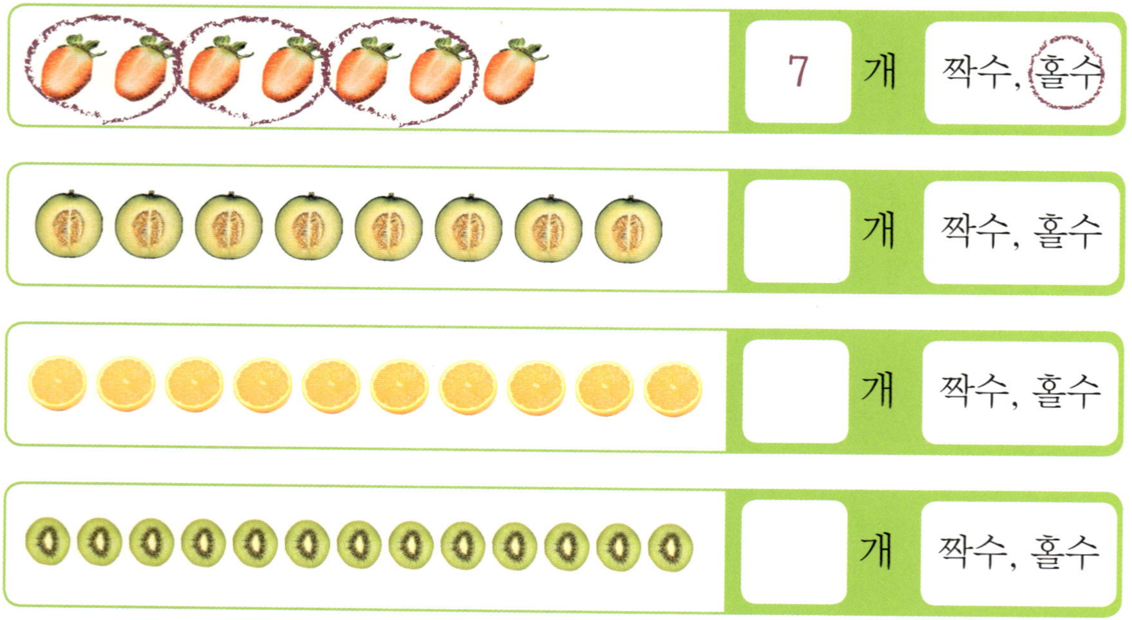

2 수만큼 ◯표 하고, 짝수인 수에는 '짝', 홀수인 수에는 '홀'이라고 쓰세요.

3 파프리카에 쓰인 수가 짝수인지 홀수인지 구분하여 선으로 이어 보세요.

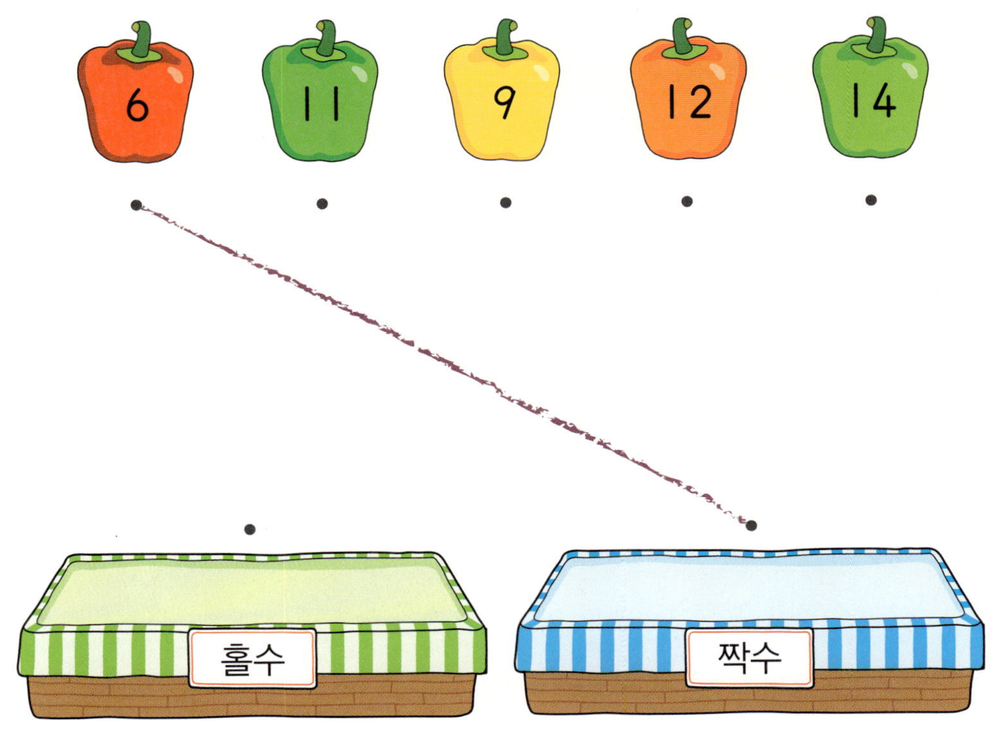

스토리텔링 창의수학

[짝 짓기]

1 둘씩 짝을 지어 묶고, 알맞은 말에 ○표 하세요.

(짝수 , 홀수)

(짝수 , 홀수)

(짝수 , 홀수)

(짝수 , 홀수)

(짝수 , 홀수)

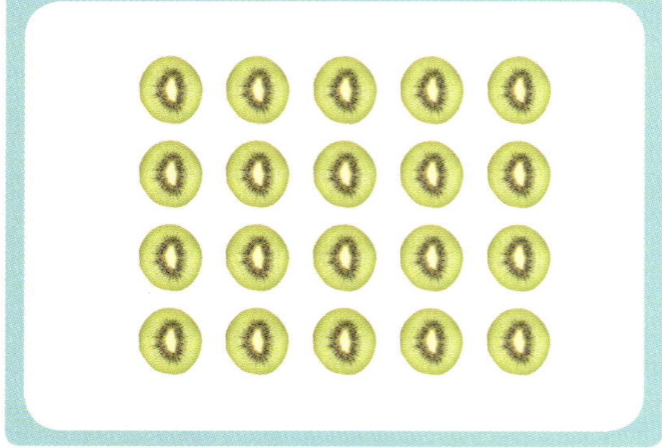

(짝수 , 홀수)

[과일의 개수]

2 신선한 채소와 과일을 넣어 샐러드를 만들었습니다. 수를 세어 빈칸에 쓰고, 짝수, 홀수를 구분하세요.

[오이, 당근]

3 오이와 당근에 쓰인 수를 차례대로 쓰고, 짝수가 쓰인 채소를 찾으세요.

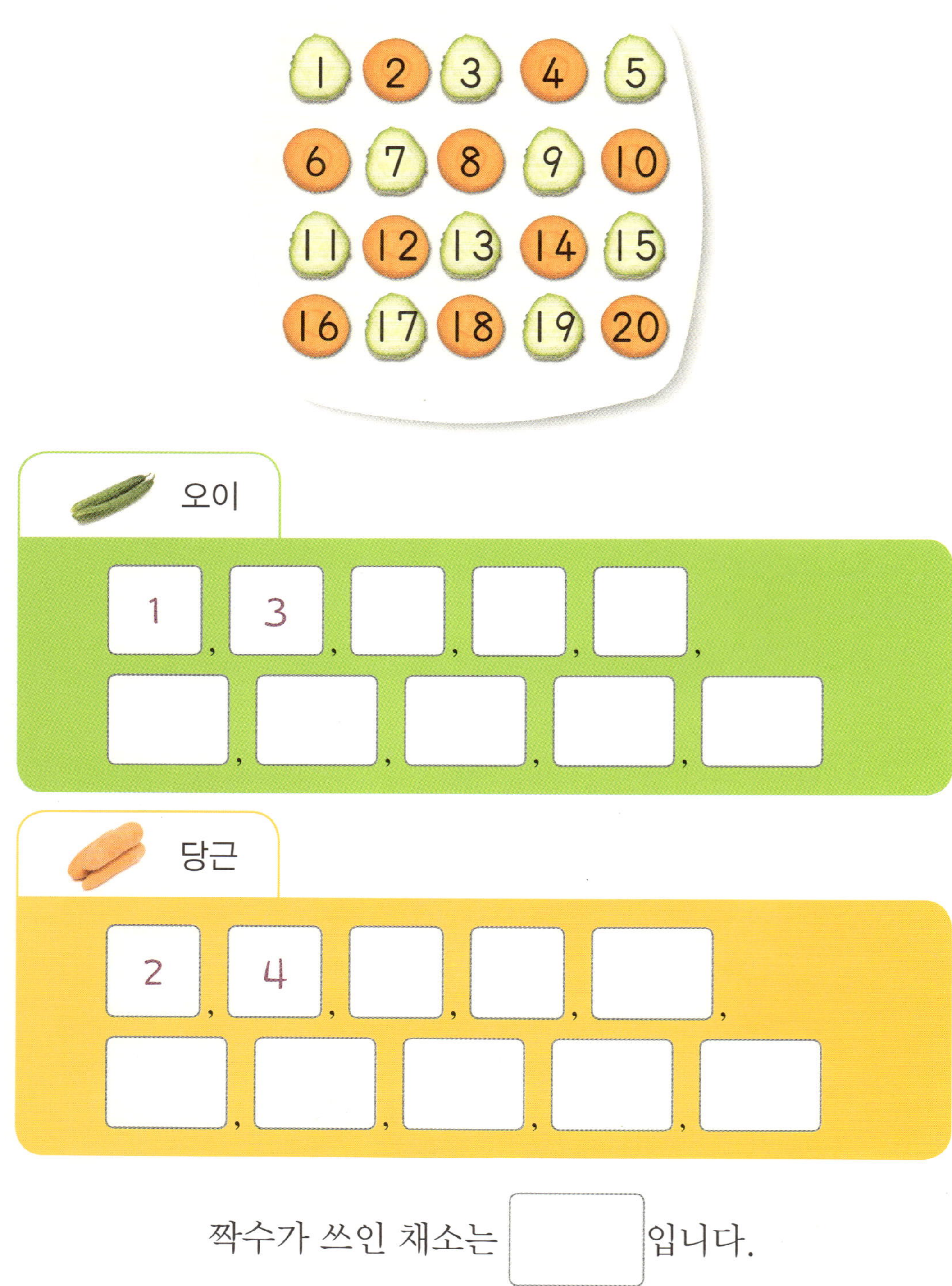

짝수가 쓰인 채소는 ☐ 입니다.

[짝수, 홀수]

4 채소와 과일이 12개씩 있습니다. 채소와 과일을 둘로 가르고, 짝수인 것에는 '짝', 홀수인 것에는 '홀'이라고 쓰세요.

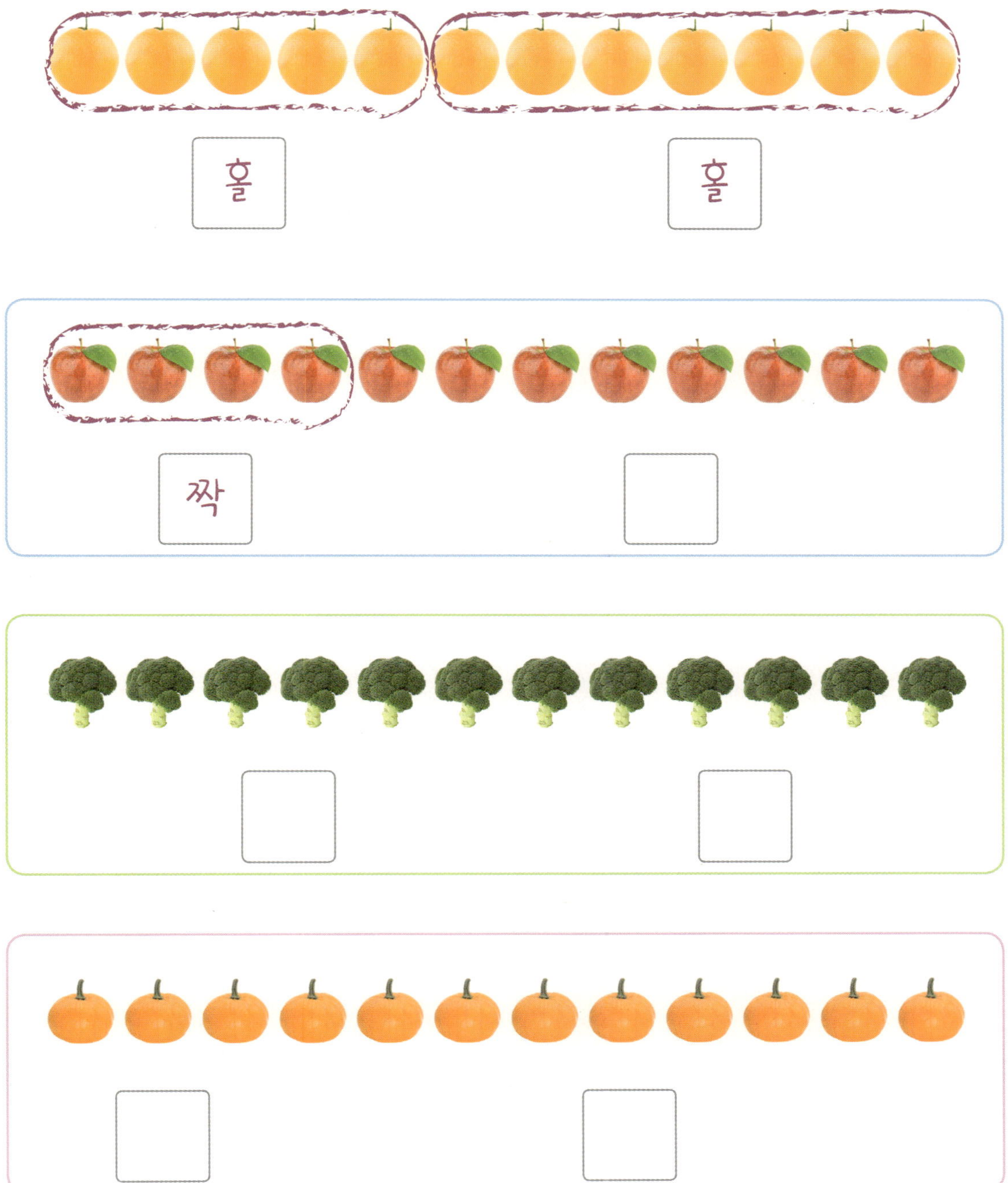

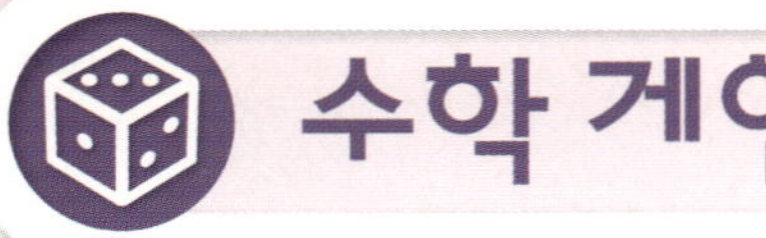

수학 게임 짝수와 홀수 말하기

수를 세어 짝수와 홀수를 구분해 봅시다.

 준비물 과일 칩 12개

게임 방법

1. 양손에 칩 12개를 나누어 가집니다.

2. 한 손을 펴고, 칩의 수를 확인합니다.

3. 반대쪽 손에 있는 칩의 수가 홀수인지 짝수인지 말합니다.

4. 손을 펴서 확인합니다.

놀이판

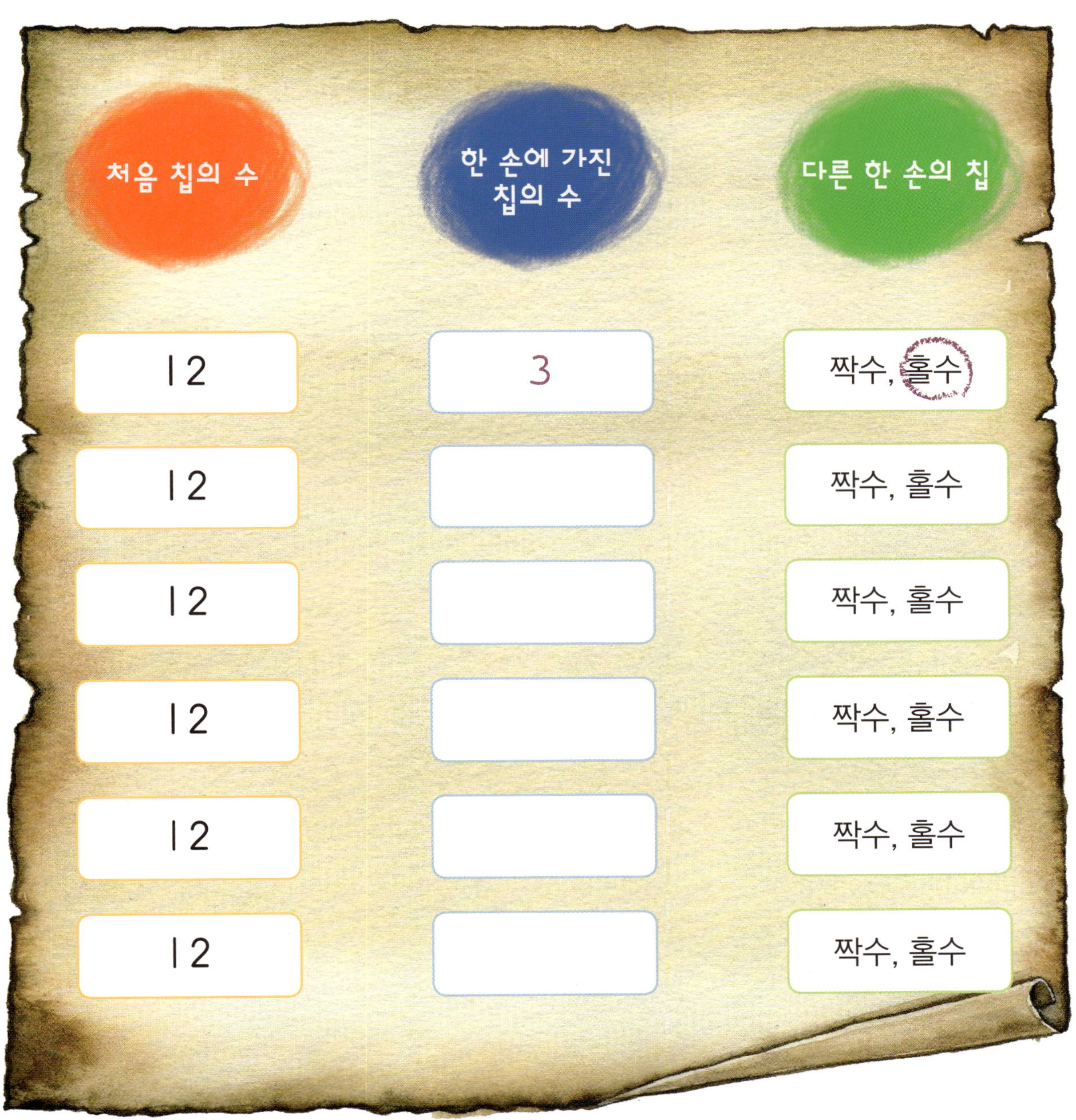
처음 칩의 수
한 손에 가진 칩의 수
다른 한 손의 칩
12
3
짝수, 홀수
12
짝수, 홀수
12
짝수, 홀수
12
짝수, 홀수
12
짝수, 홀수
12
짝수, 홀수

생각 열기

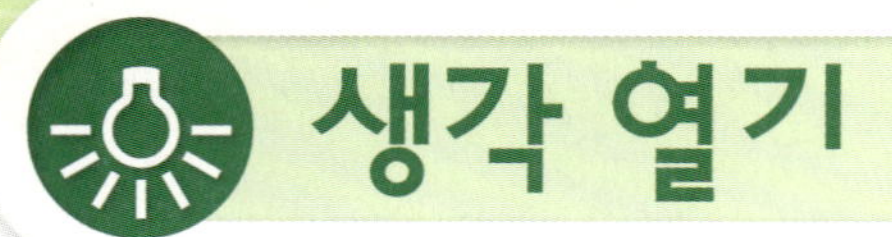

빈 곳에 무를 심어요.

밭에 배추가 심어져 있습니다. 배추는 모두 20포기입니다.

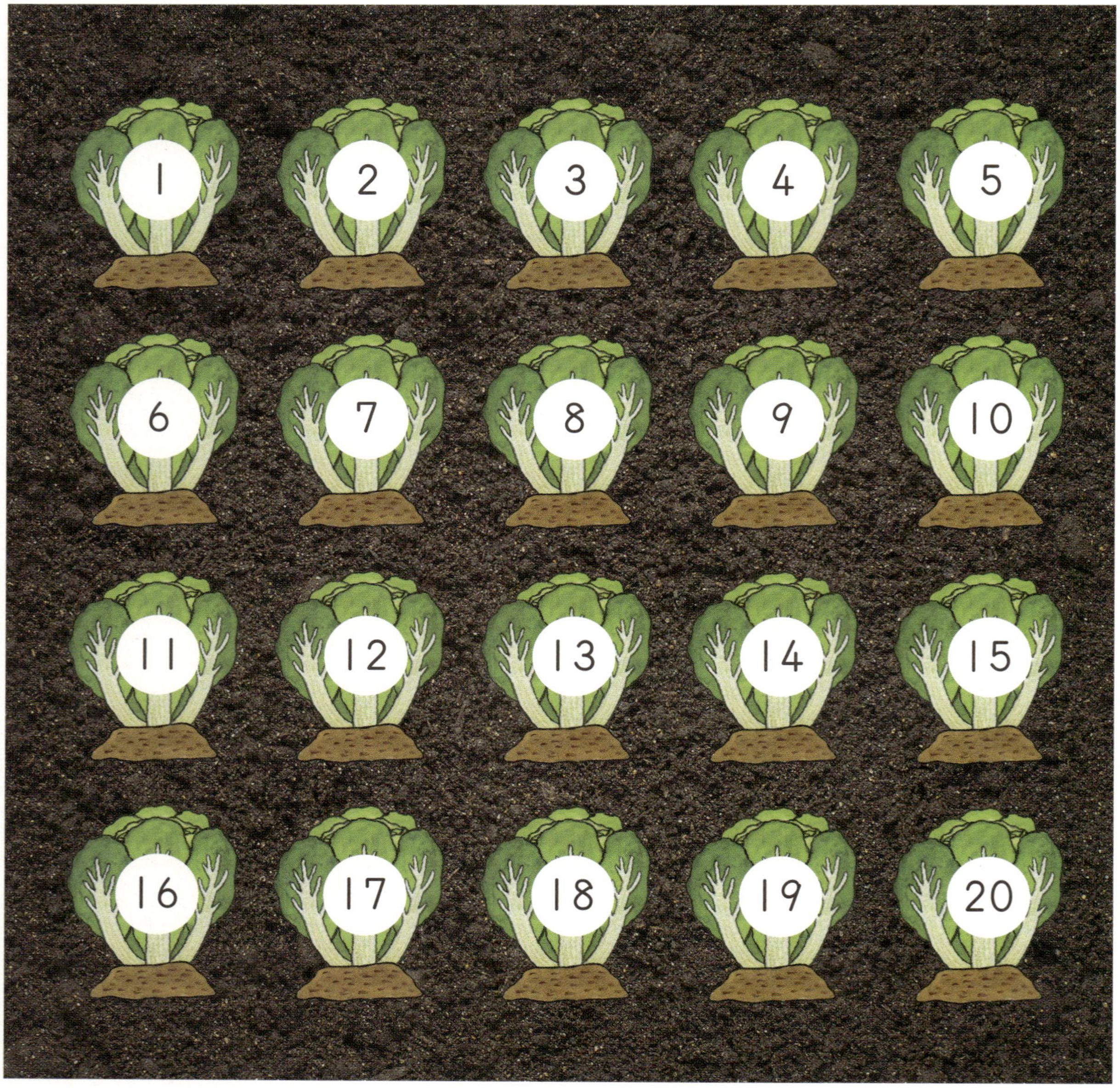
1
2
3
4
5
6
7
8
9
10
11
12
13
14
15
16
17
18
19
20

밭에 무를 수의 순서대로 20개 심으려고 합니다. 빈 곳에 알맞은 수를 써 넣으세요.

1 2 3 4 5

_ 7 8 9 10

11 12 _ 14 15

16 17 18 19 _

수 배열표

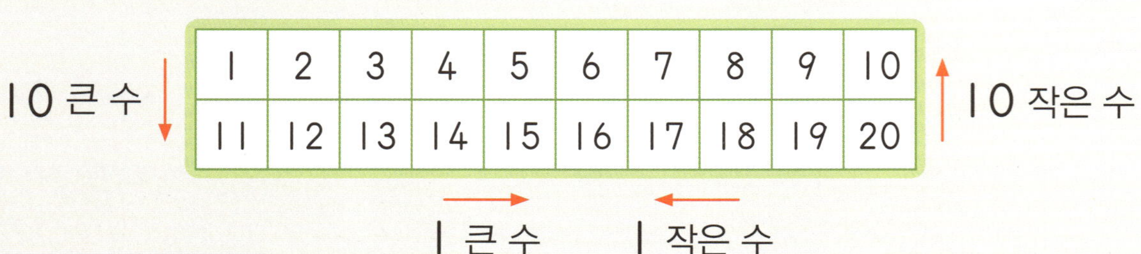

1	2	3	4	5	6	7	8	9	10
11	12	13	14	15	16	17	18	19	20

- 한 줄에 10개씩 두 줄로 수를 쓰고, 관찰합니다.
- 17은 7보다 10 큰 수입니다.
- 17은 18보다 1 작은 수입니다.

1 수 배열표를 완성하세요.

1	2	3	4	5	6		8	9	
11		13	14		16		18		20

1		3		5		7		9	
	12		14		16		18		20

	2		4		6				10
11				15				19	

2 수 배열표에서 설명하는 수를 찾아 색칠하세요.

1	2	3	4	5	6	7	8	9	10
11	12	13	14	15	16	17	18	19	20

3 수 배열표를 보고 수 배열표를 잘라 만든 조각에 알맞은 수를 쓰세요.

1	2	3	4	5	6	7	8	9	10
11	12	13	14	15	16	17	18	19	20

6	7	

9

13	14	

17		19

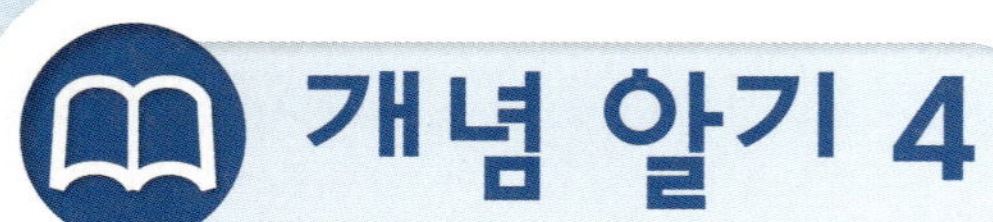

뛰어 세기

- 버섯은 3, 6, 9, 12, 15, 18에 있습니다.
- 버섯은 3씩 뛰어 센 칸에 있습니다.

1 ➡에서 출발하여 주어진 수만큼 뛰어 센 수에 ○표 하세요.

2씩 뛰어 세기

출발 ➡

1	2	3	4	5	6	7	8	9	10
11	12	13	14	15	16	17	18	19	20

3씩 뛰어 세기

출발 ➡

1	2	3	4	5	6	7	8	9	10
11	12	13	14	15	16	17	18	19	20

4씩 뛰어 세기

출발 ➡

1	2	3	4	5	6	7	8	9	10
11	12	13	14	15	16	17	18	19	20

2 색칠한 수부터 2씩 뛰어 센 수에 색칠하세요.

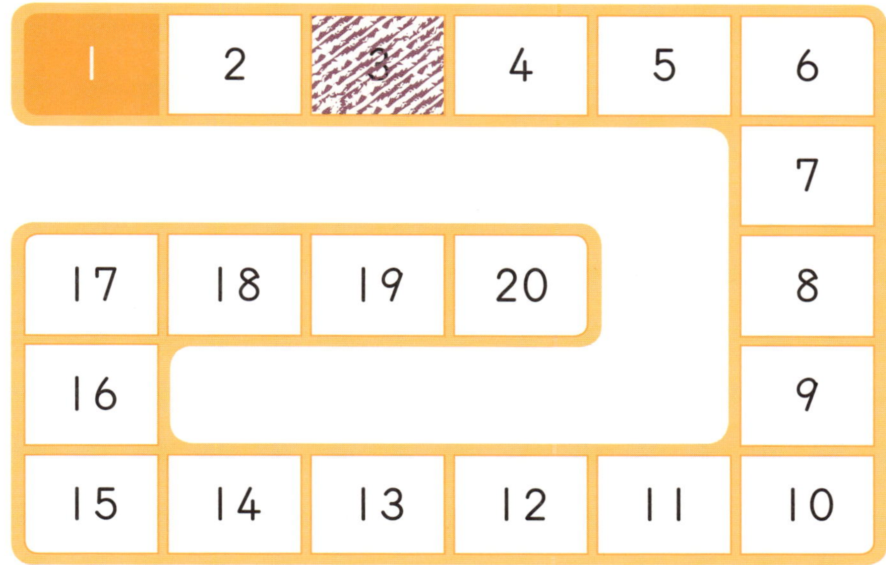

3 같은 수만큼 뛰어 세기를 한 것입니다. 빈칸에 알맞은 수를 쓰세요.

스토리텔링 창의수학

[규칙에 맞는 수]

1 뛰어 센 규칙에 맞게 빈 곳에 알맞은 수를 쓰세요.

2 3 4 5 6

7 8 9

8 9 10

16 17 18

13 14 15

[수직선]

2 주어진 수만큼 수직선을 뛰어 표시하고, 빈 곳에 알맞은 글자를 쓰세요.

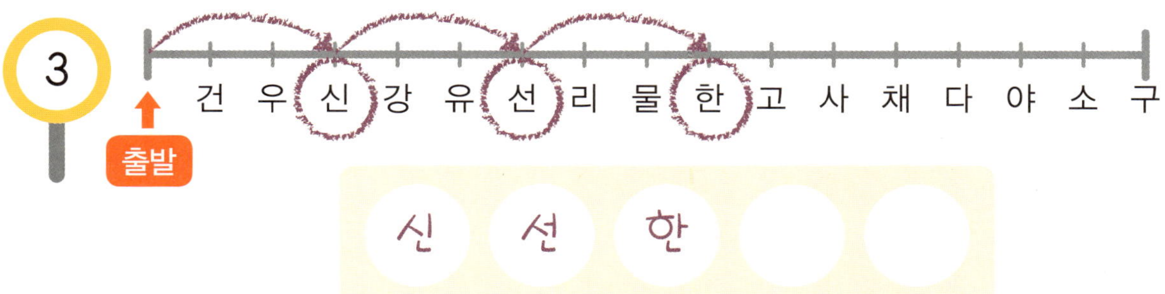

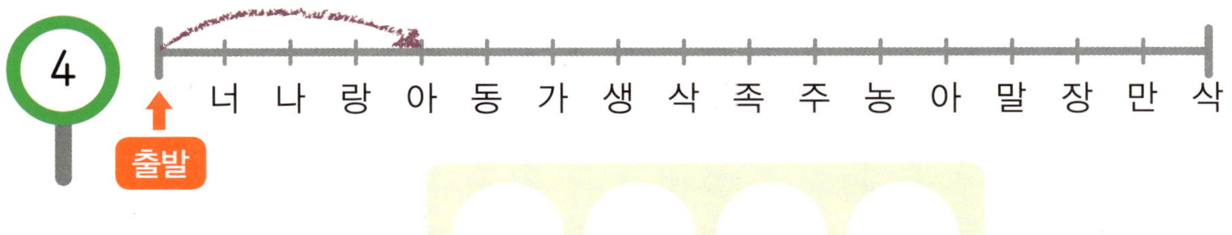

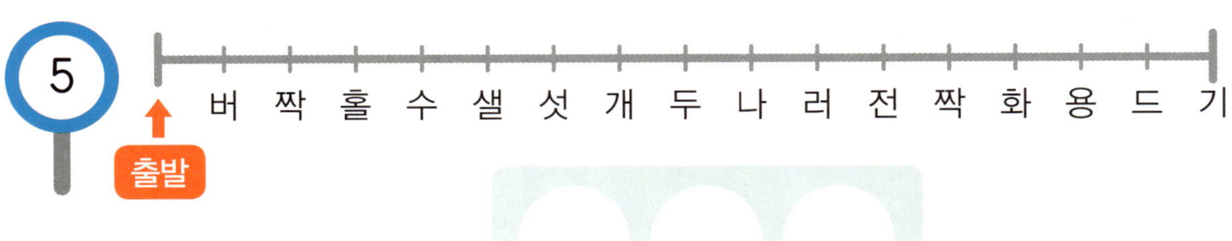

[화살표 규칙]

3 수 배열표를 보고 화살표 규칙에 따라 빈칸에 알맞은 수를 쓰세요.

1	2	3	4	5	6	7	8	9	10
11	12	13	14	15	16	17	18	19	20

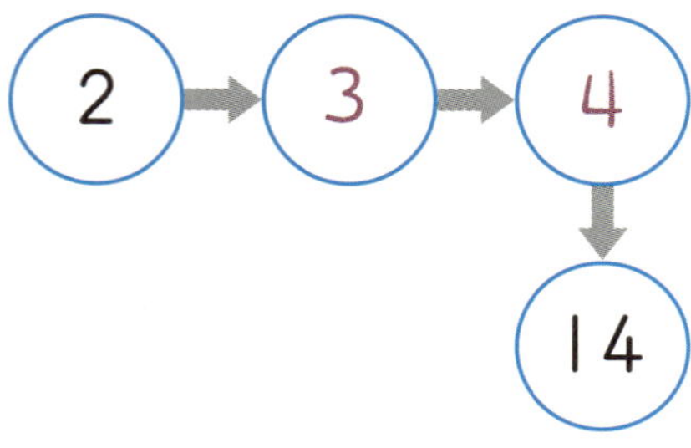

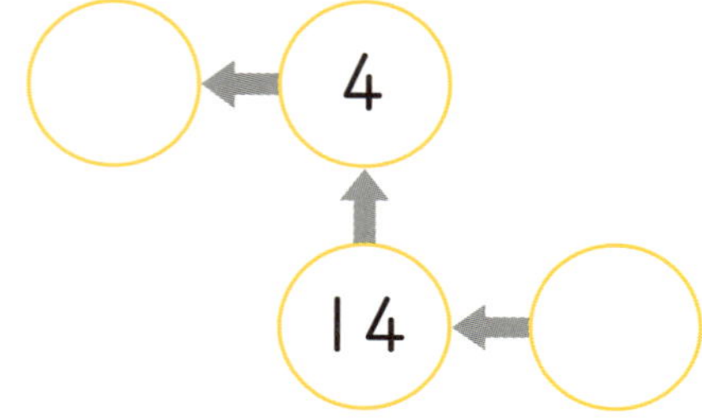

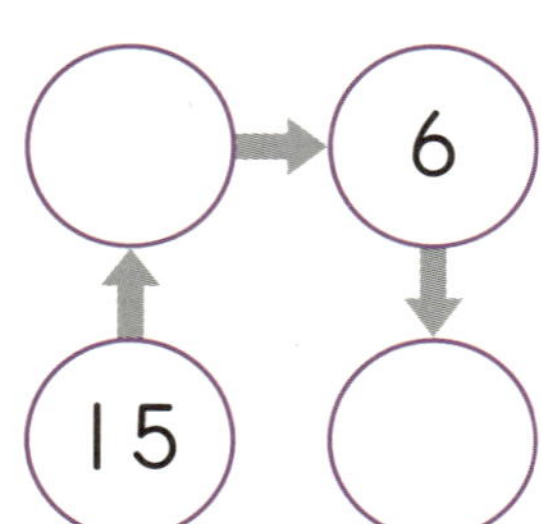

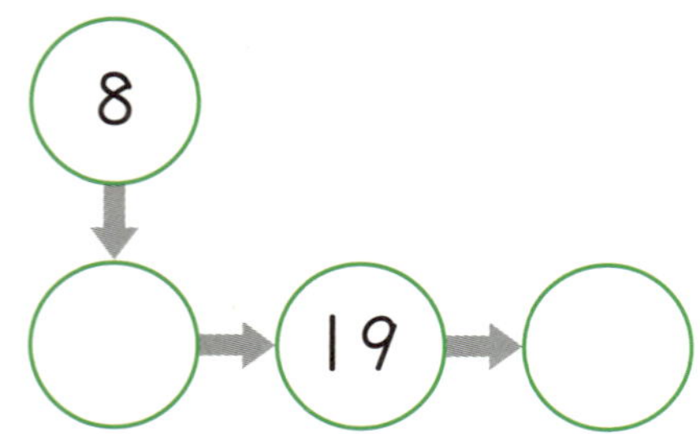

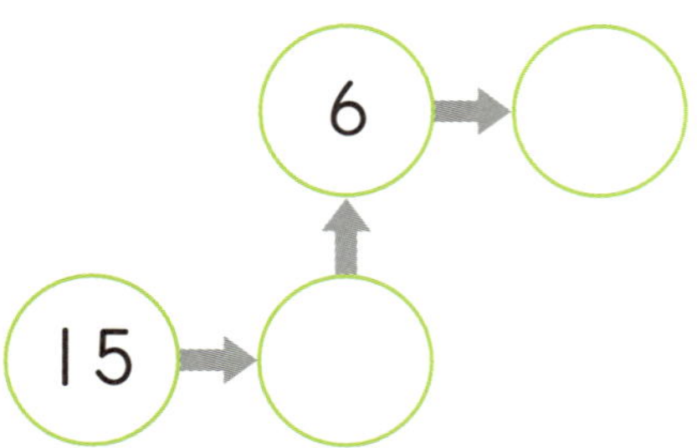

Tip

➡ 1 큰 수, ⬅ 1 작은 수, ⬆ 10 큰 수, ⬇ 10 작은 수를 찾습니다.

[뛰어 센 수]

4 ➡에서 출발하여 2씩 뛰어 센 수에 ○표, 3씩 뛰어 센 수에 ×표 하고, ○표와 ×표가 모두 표시된 수를 모두 쓰세요.

2씩 뛰어 센 수 : ○

3씩 뛰어 센 수 : ×

출발 ➡				
1	2	3	4	5
6	7	8	9	10
11	12	13	14	15
16	17	18	19	20

○표와 ×표가 모두 표시된 수 : 6, ☐, ☐

지식 백과 5색 채소 · 과일

채소와 과일은 고유의 색깔을 가지고 있습니다. 색깔에 따라 크게 빨강, 노랑, 초록, 흰색, 보라 총 5가지로 구분할 수 있습니다.

빨강

사과, 딸기, 토마토 등이 대표적이며, 혈관을 건강하게 해 줘요.

노랑

당근, 호박, 옥수수, 오렌지 등이 대표적이며, 면역력을 향상시키고, 눈과 피부 건강에 좋아요.

초록

시금치, 브로콜리, 피망 등이 있으며, 눈과 뼈, 세포를 건강하게 해 줘요.

보라

적상추, 무화과, 가지 등이 대표적이며, 혈관 속 노폐물을 배출하고, 노화를 방지해 줘요.

흰색

버섯, 양파, 더덕 등이 있으며, 면역력 향상에 좋아요.

Q 쟁반에 담은 5색 채소와 과일은 모두 몇 개일까요?

A

➡ 5색 채소와 과일은 모두 ☐ 개입니다.

모두 20개입니다.

요리 IV

1

생각 열기 요리왕은 누구일까요?

개념 알기 1 세 수의 합

개념 알기 2 10이 되는 두 수

스토리텔링 창의수학

수학 게임 수 카드 모으기

2

생각 열기 응원하러 온 친구는 몇 명일까요?

개념 알기 3 10 만들어 합 구하기

개념 알기 4 합이 10이 넘는 두 수

스토리텔링 창의수학

지식 백과 면 요리 10, 20, 30, 40, 50

내가 요리왕!

요리왕은 누구일까?

지금부터 샌드위치 요리 경연 대회를
시작하겠습니다.

두 명의 요리사가 어떤 샌드위치를 만들지
벌써부터 기대가 되네요.

층층 샌드위치

두부를 노릇노릇~
구워.

고추장으로 만든
특제 소스를
살살~ 펴 발라.

채소와 두부를 올리고,
식빵을 덮어.

난 층층 샌드위치를 만들 거야.

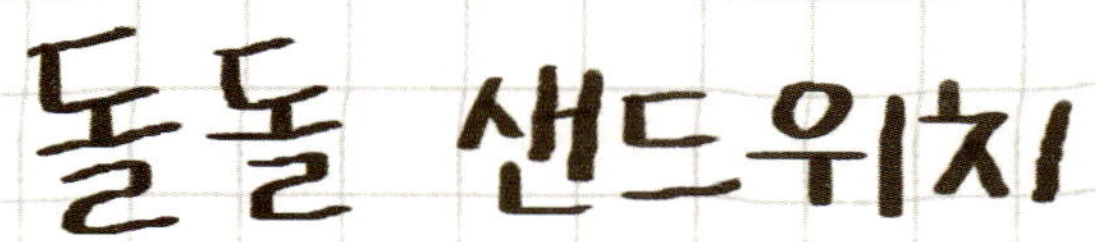

식빵을
납작하게 밀어.

식빵에 햄과 채소를 올려
돌돌~ 말아.

달걀에 식빵을 적셔
노릇노릇~ 구워.

난 **돌돌 샌드위치**를 만들어 볼게.

드디어,
샌드위치가 완성되었습니다.

심사위원들의 점수를 확인해 볼까요?

요리왕
MC
3
7
네~~
우승자가
결정되었습니다.
오늘의 요리왕은...

요리왕은 누구일까요?

요리사들의 점수는 심사위원들로부터 받은 점수를 더하면 됩니다. 요리사들의 점수는 각각 몇 점일까요?

층층 샌드위치

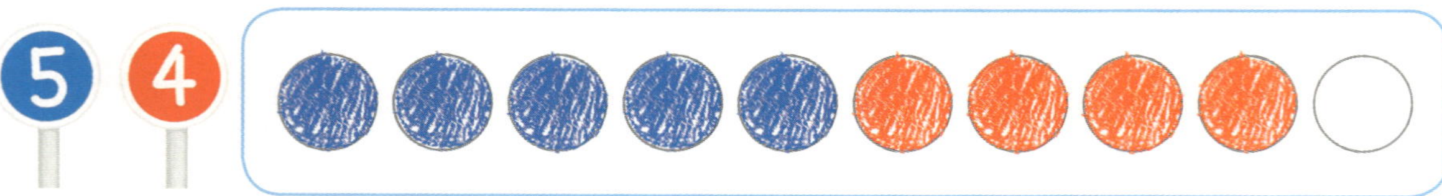

돌돌 샌드위치를 만든 요리사가 받은 점수만큼 색칠하세요.

돌돌 샌드위치

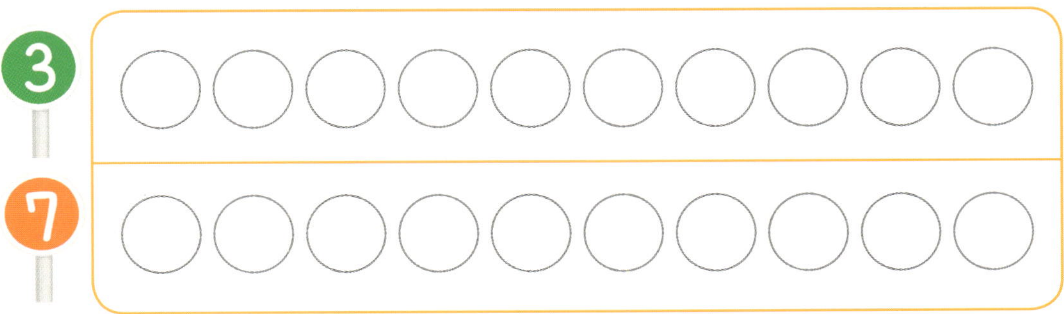

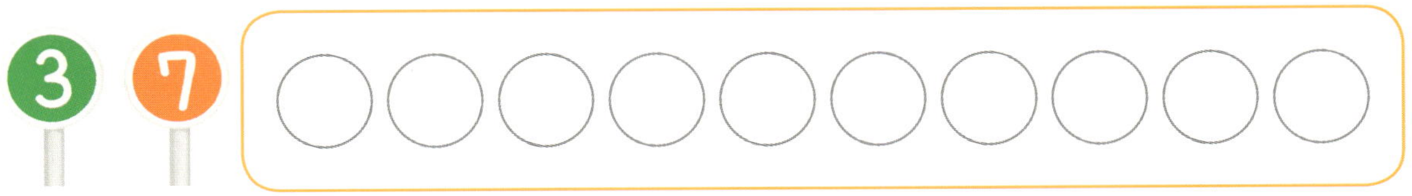

세 수의 합

• 점수만큼 ○를 그리고, ○의 개수를 셉니다.

1 점수만큼 ○를 그리고, ○의 개수를 쓰세요.

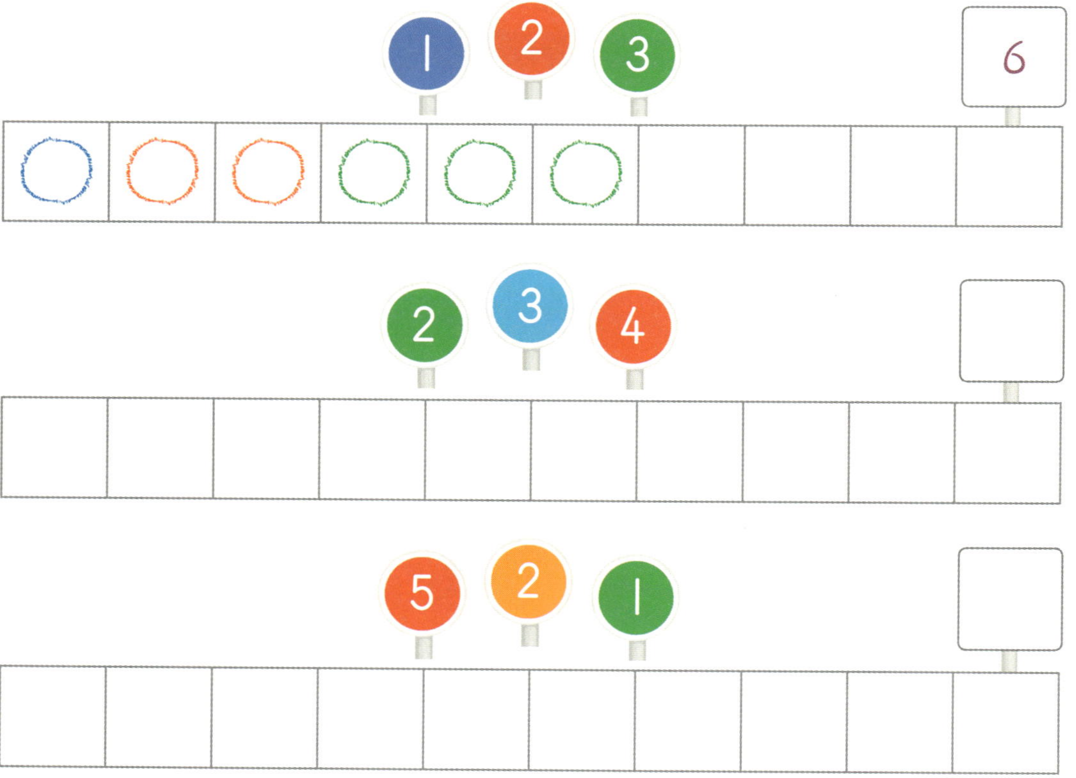

2 규칙을 찾아 빈칸에 알맞은 수를 쓰세요.

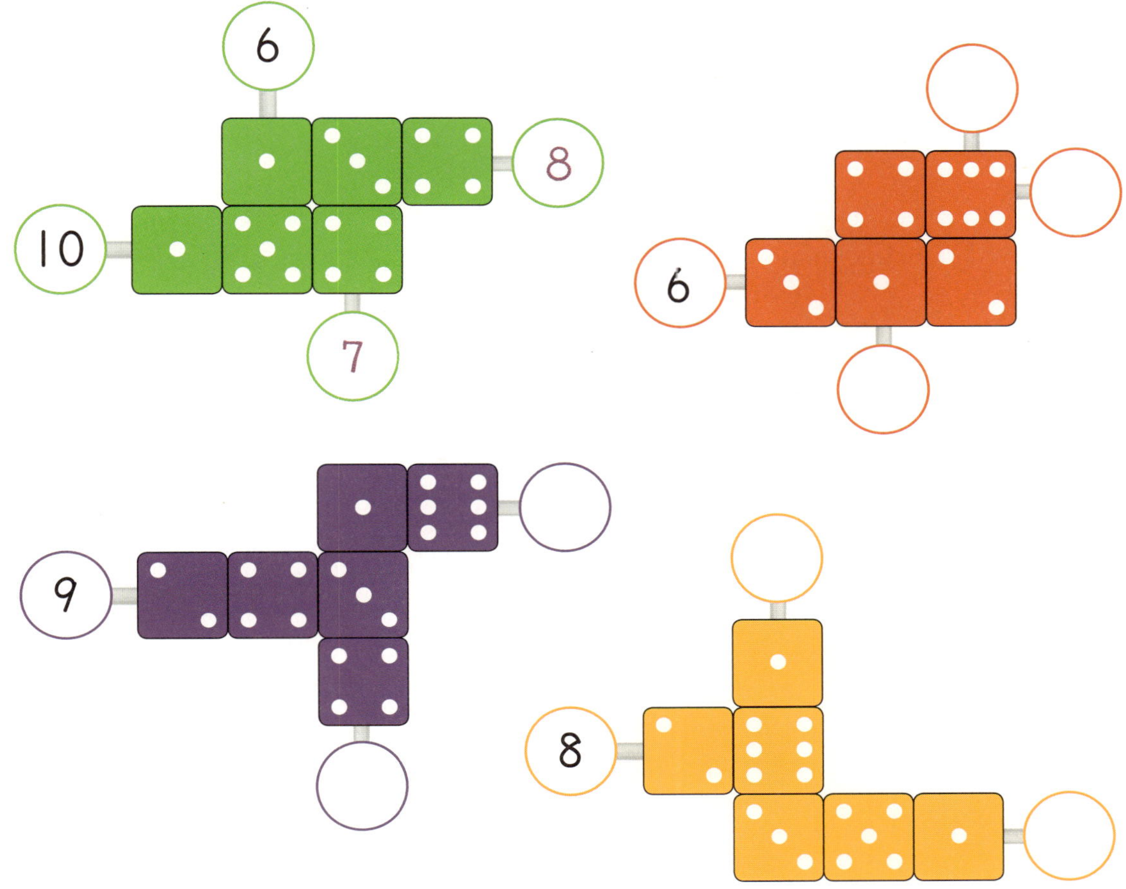

3 세 수의 합을 구하세요.

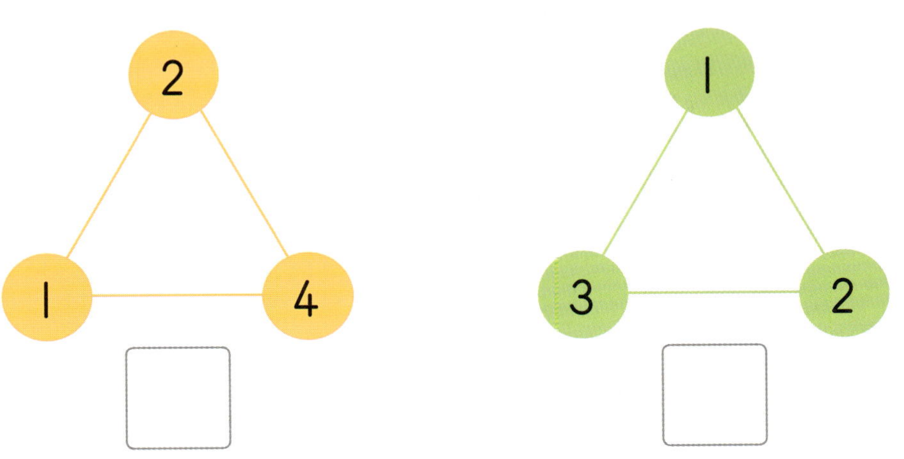

10이 되는 두 수

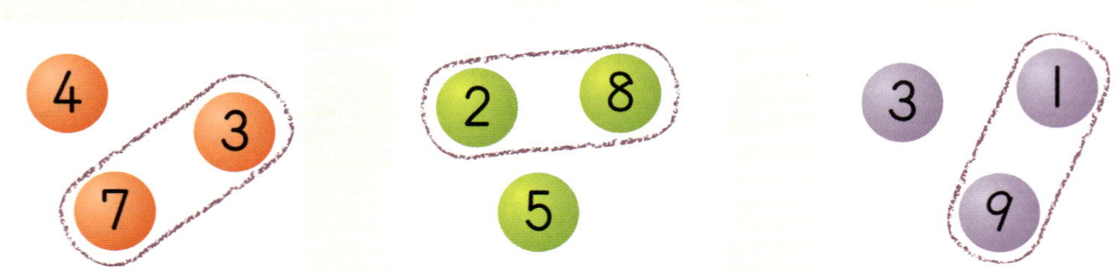

- 10이 되는 두 수를 찾아 묶습니다.
- 1과 9, 2와 8, 3과 7, 4와 6, 5와 5를 묶으면 10이 됩니다.

1 10이 되는 두 수를 찾아 묶으세요.

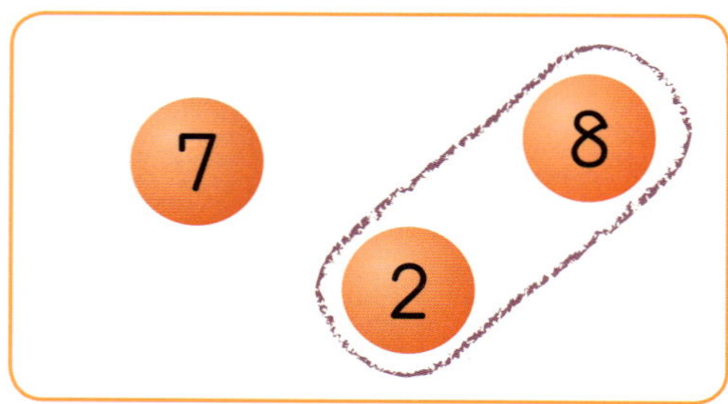

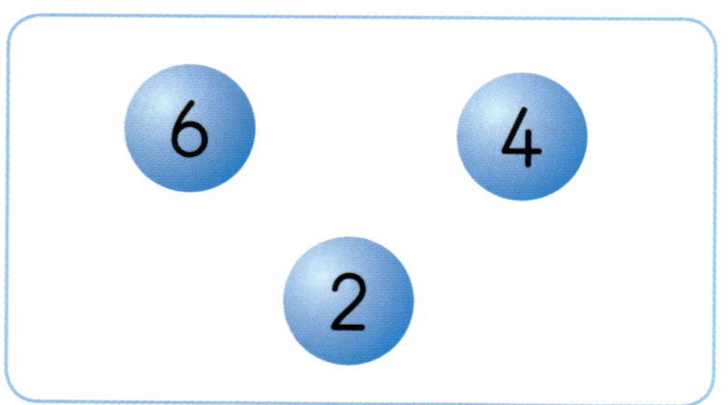

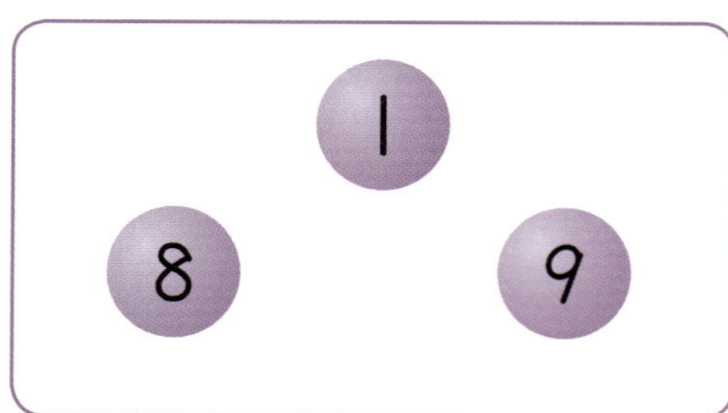

2 10을 만드는 데 필요없는 풍선에 ×표 하세요.

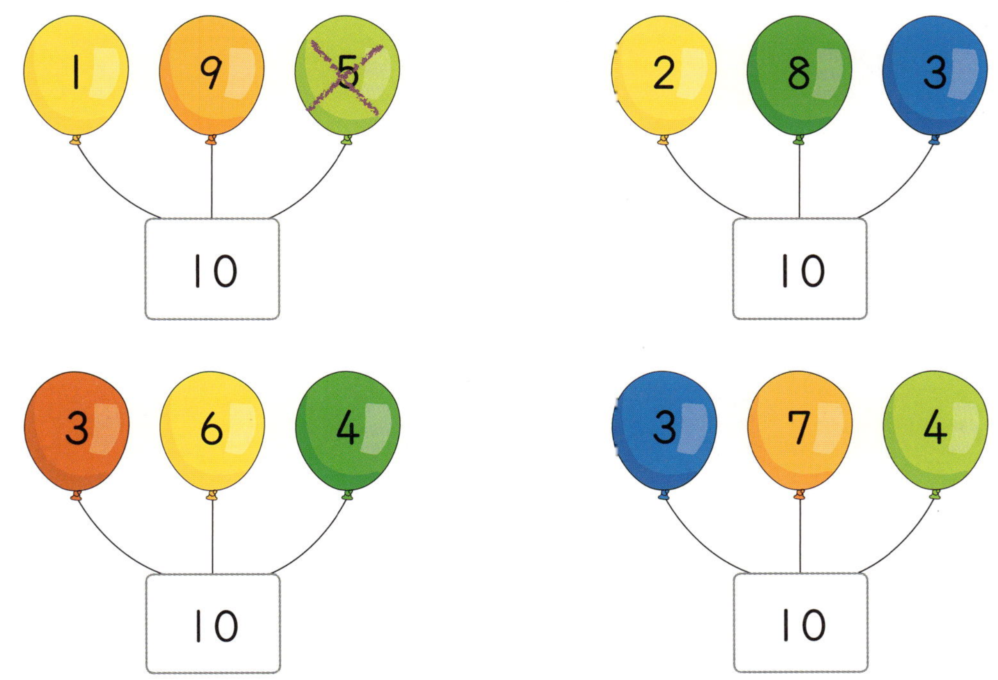

3 10이 되도록 선으로 이으세요.

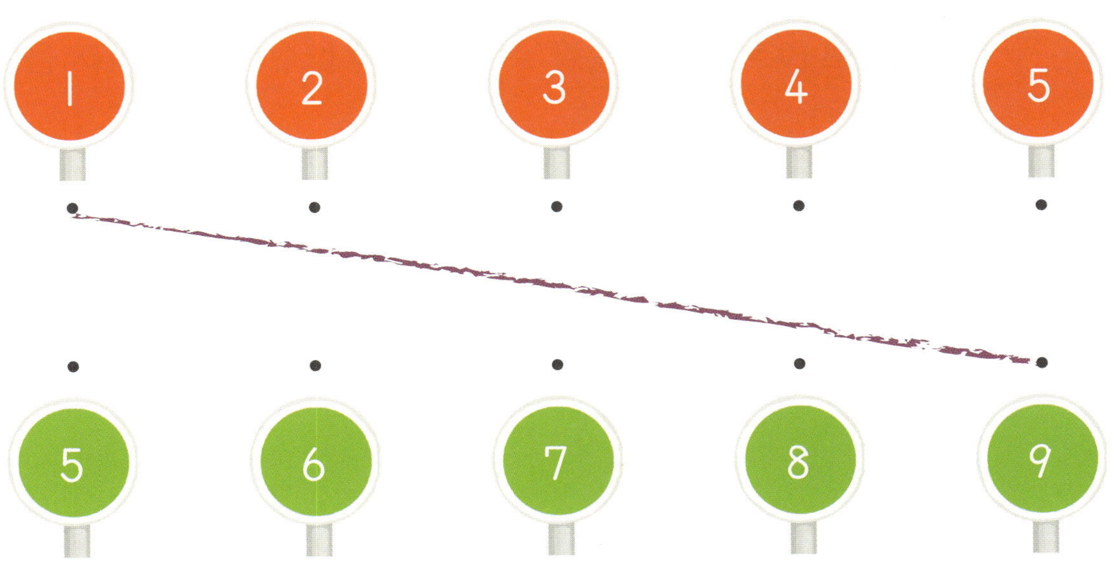

스토리텔링 창의수학

[점수]

1 점수만큼 ◯를 그리고, ◯의 개수를 쓰세요.

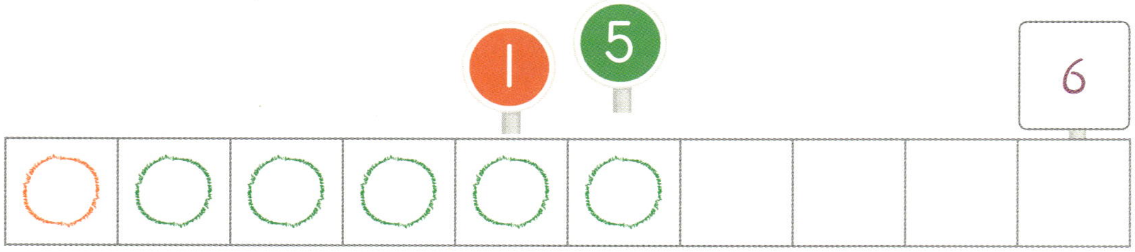

1 5 → 6

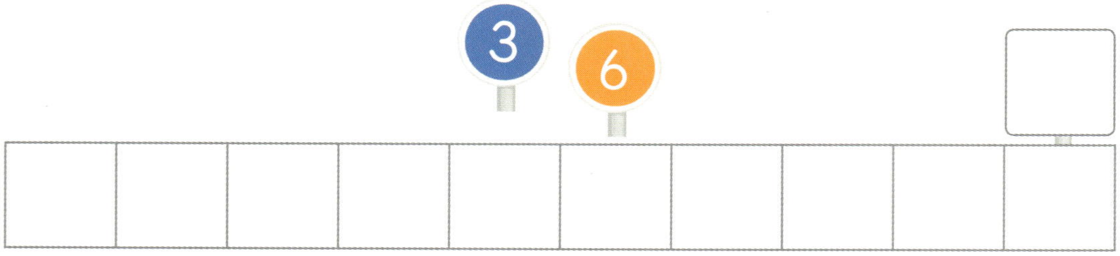

3 6 →

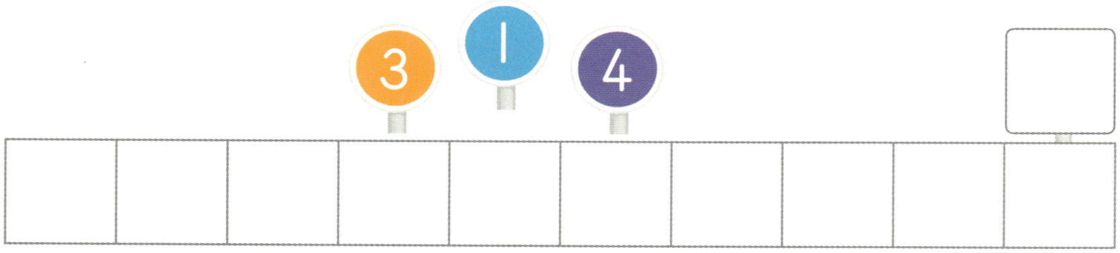

3 1 4 →

2 3 5 →

[한 줄의 합]

2 같은 줄에 놓인 세 수의 합이 ●안의 수가 되도록 빈칸을 채우세요.

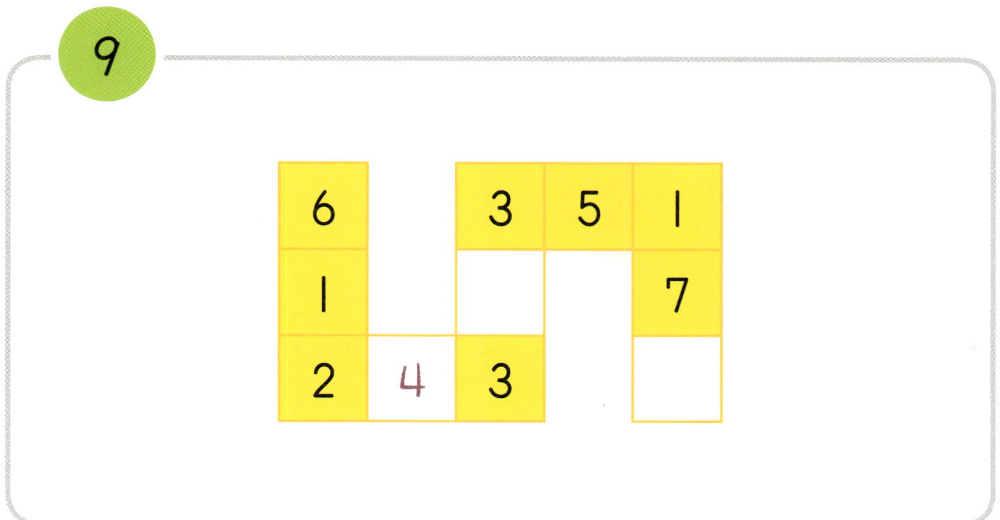

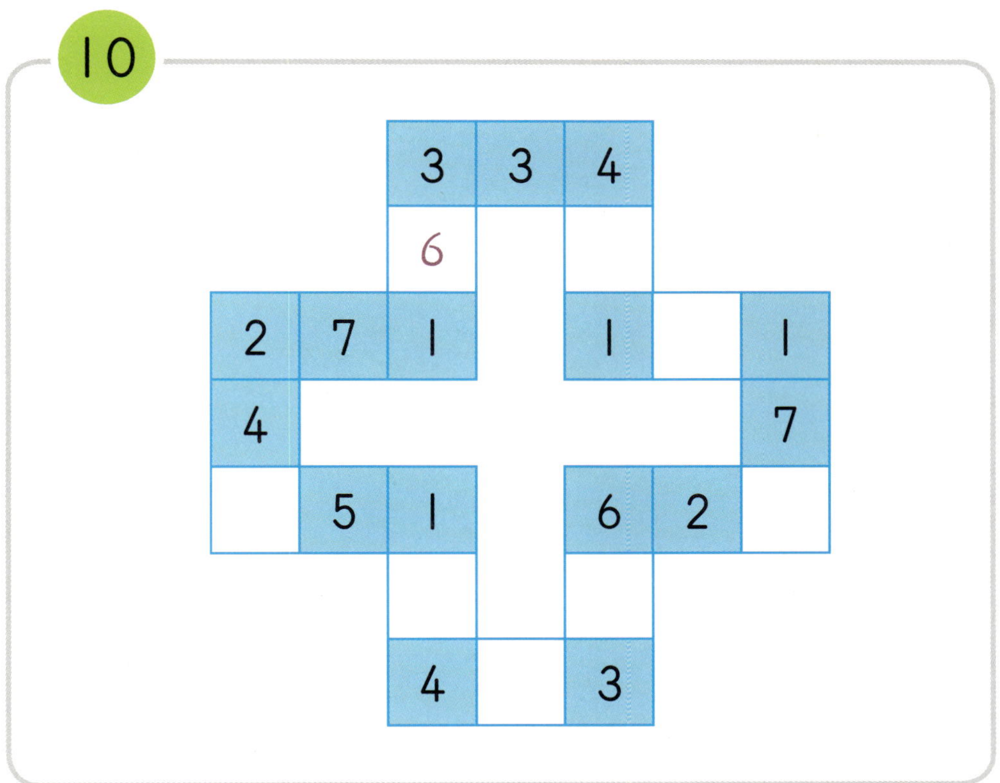

[주사위]

3 규칙을 찾아 붙임 딱지를 붙이고, 빈칸에 알맞은 수를 쓰세요.

붙임 딱지 주사위

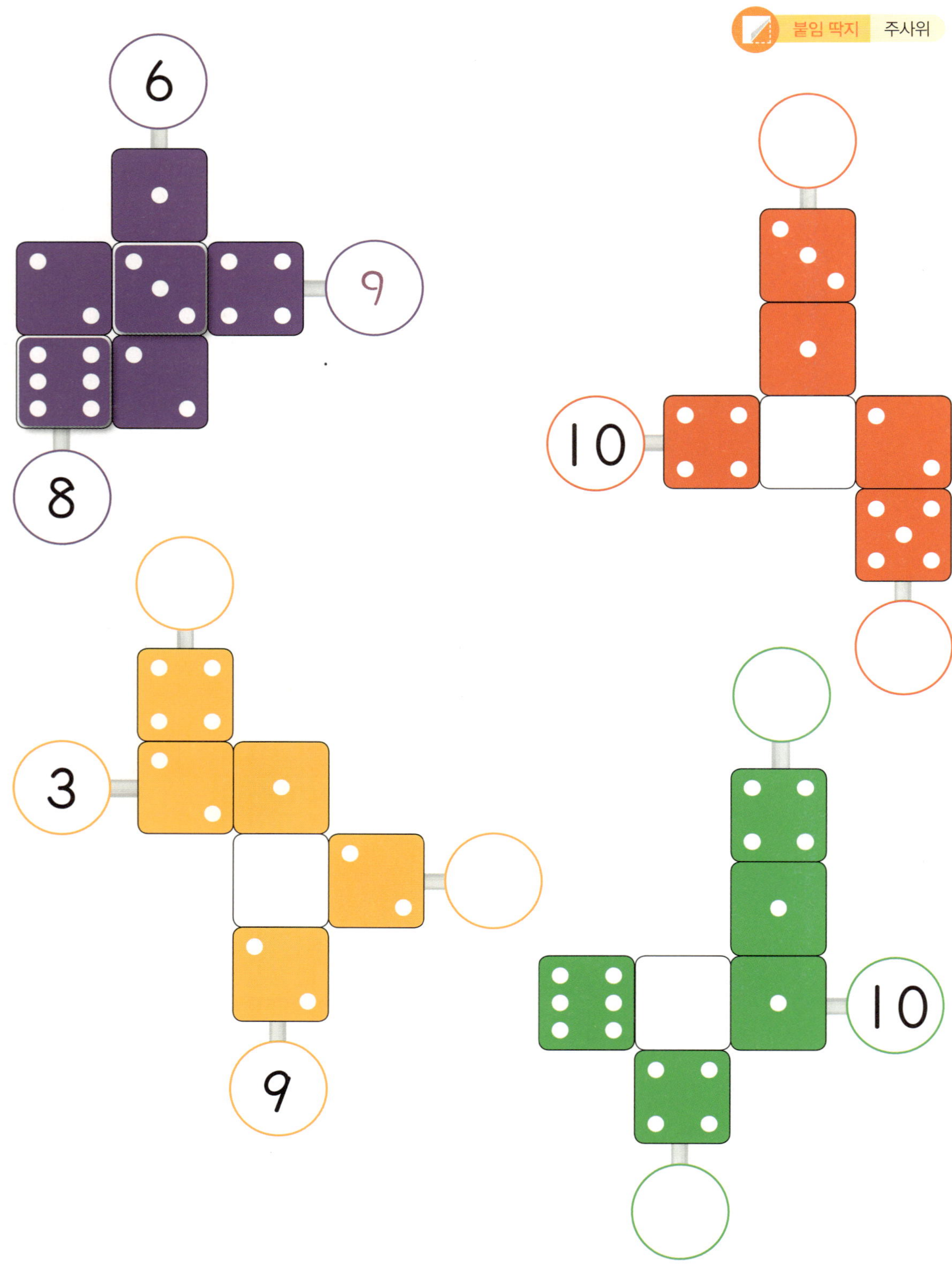

[10이 되는 두 수]

4 10이 되는 두 수를 찾아 색칠하세요.

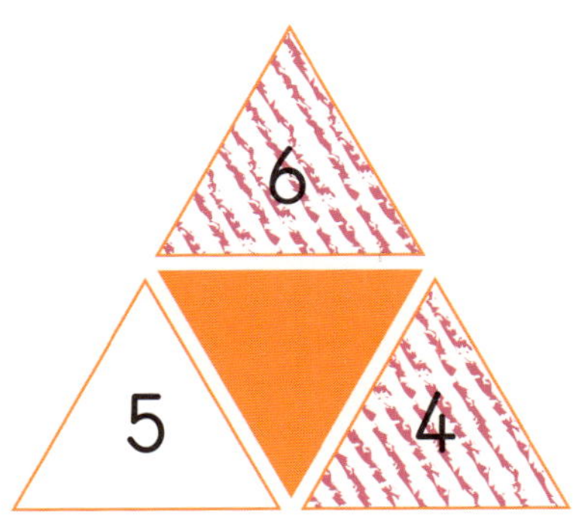

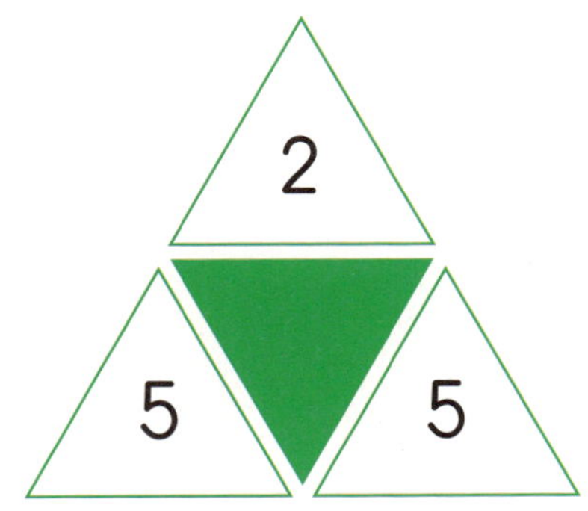

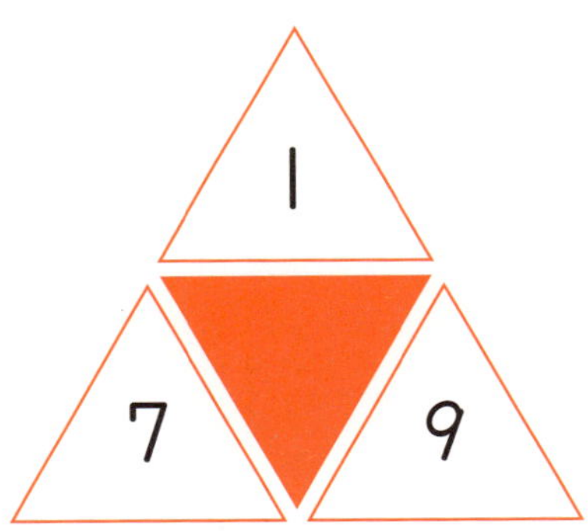

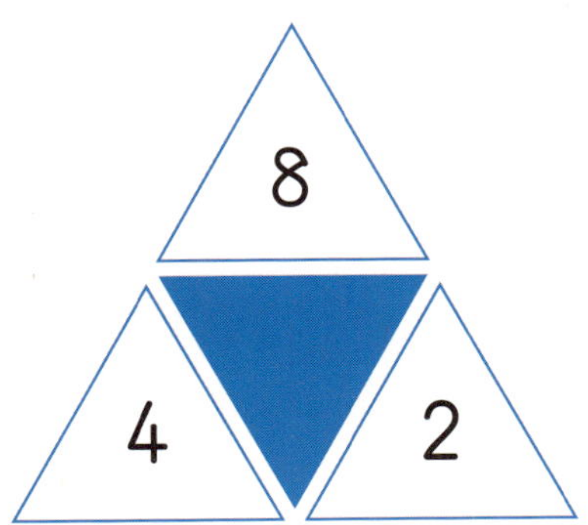

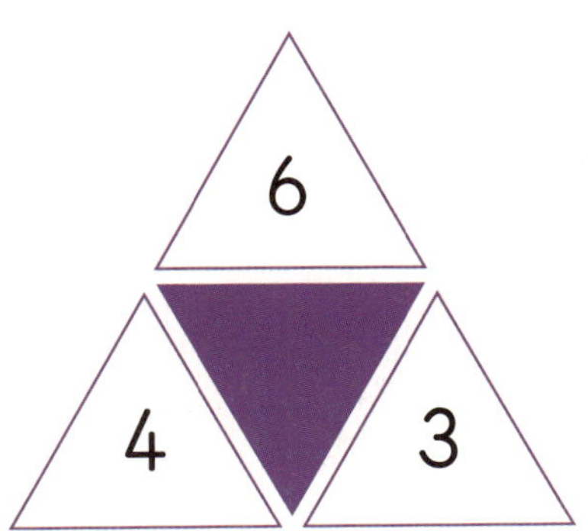

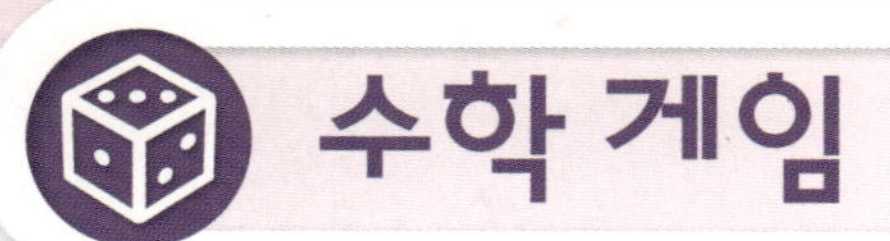

수 카드 모으기

수 카드 모으기 게임을 해 봅시다.

게임 방법

1 아래 두 수를 더해 위에 씁니다.

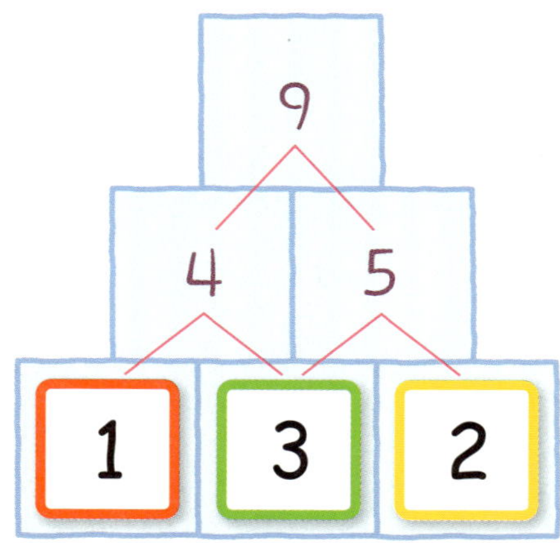

2 수 카드의 위치가 바뀌면 계산 결과도 달라진다는 것을 확인합니다.

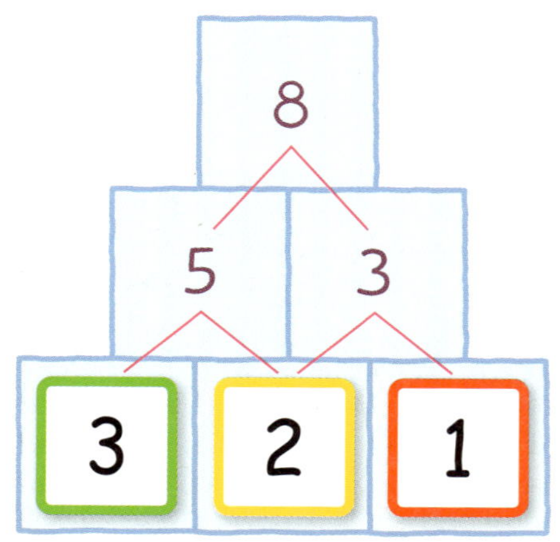

놀이판

[게임 1]

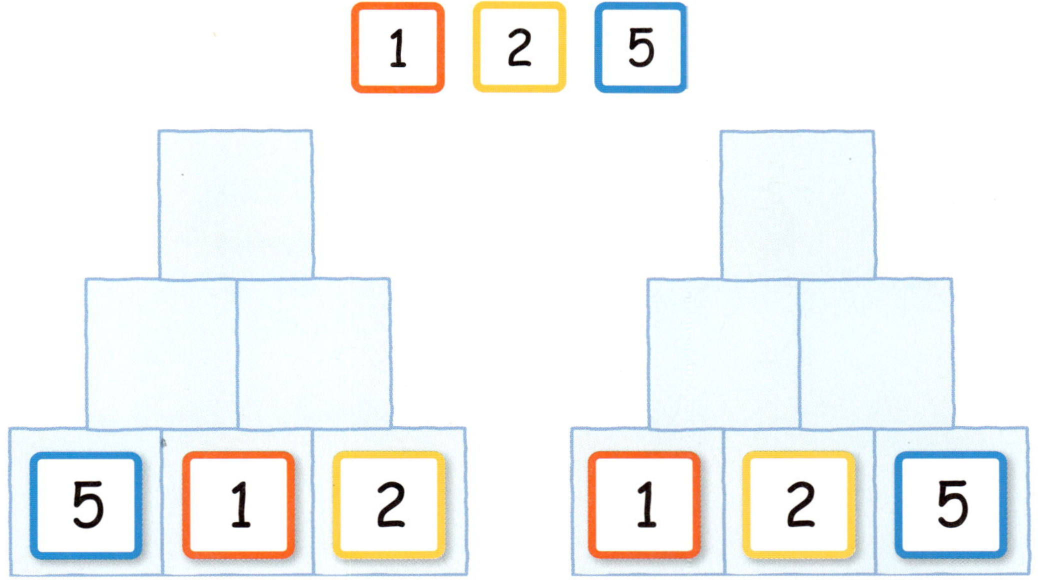

[게임 2]

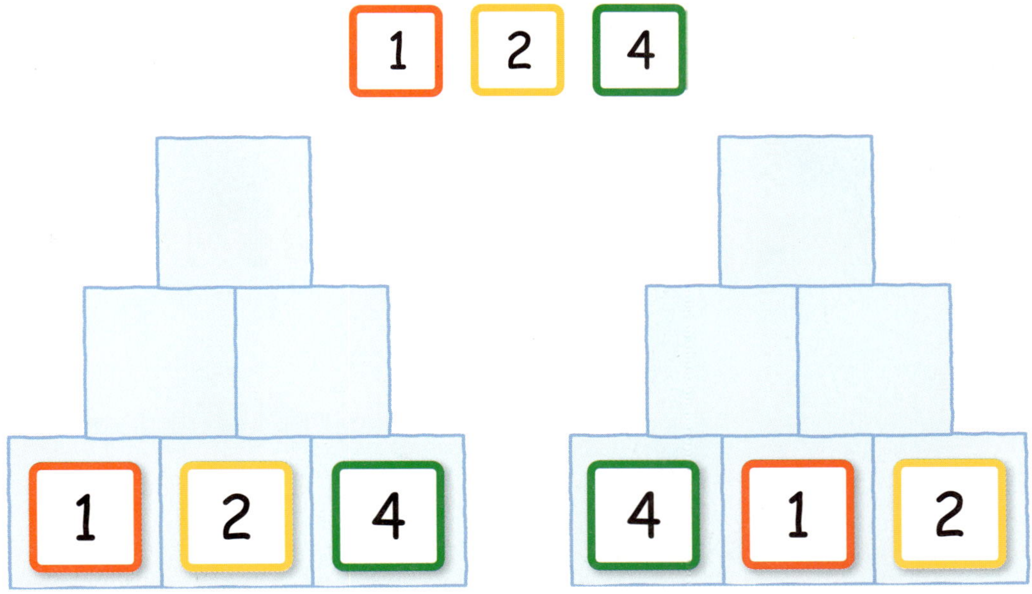

응원하러 온 친구는 몇 명일까요?

요리사의 친구들이 응원을 왔습니다. 응원하러 온 친구들의 수를 세어 볼까요?

친구들의 수에 맞게 색칠하고, 빈칸에 알맞은 수를 쓰세요.

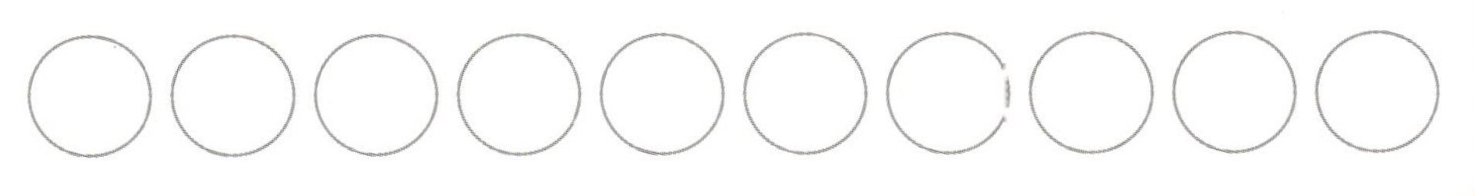

요리사를 응원하러 온 친구들은 모두 ☐ 명입니다.

개념 알기 3 10 만들어 합 구하기

7 4 11

- 4를 3과 1로 가릅니다.
- 7과 3을 모아 10을 만듭니다.
- 10과 1을 모으면 11이 됩니다.

1 상자에는 과자 10개가 들어갑니다. 과자는 모두 몇 개인지 쓰세요.

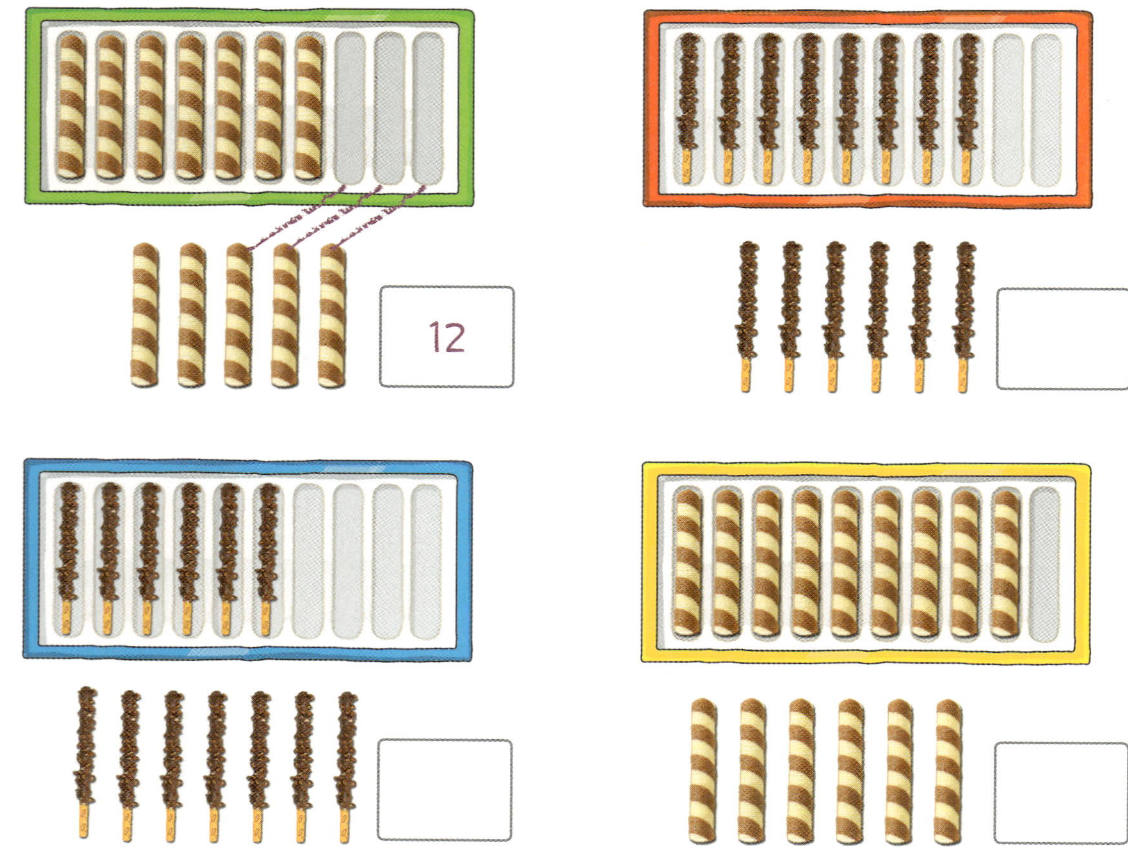

2 점수만큼 색칠하고, 모두 몇 점인지 쓰세요.

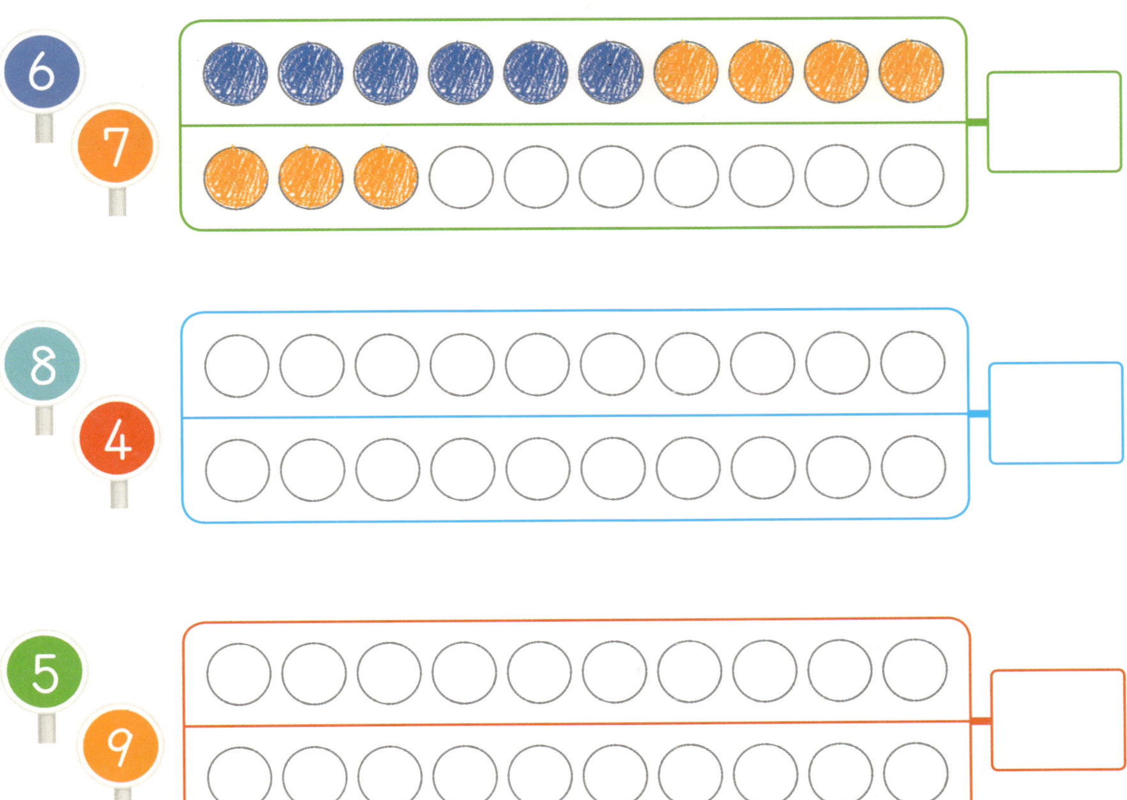

3 10이 되도록 만들고 빈칸에 알맞은 수를 쓰세요.

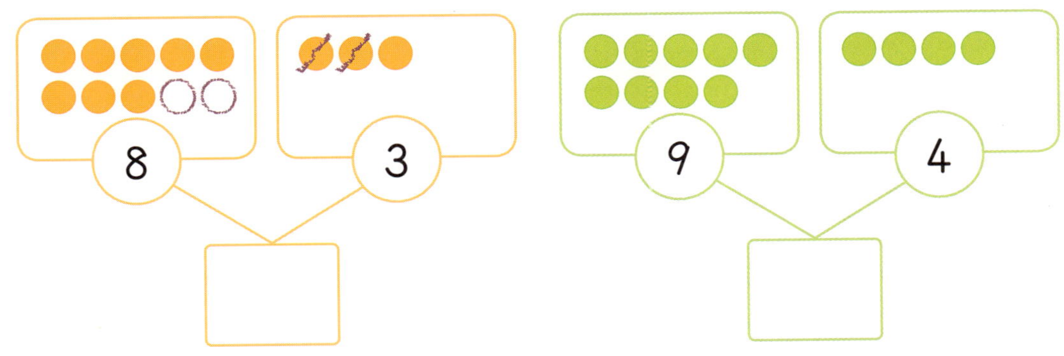

합이 10이 넘는 두 수

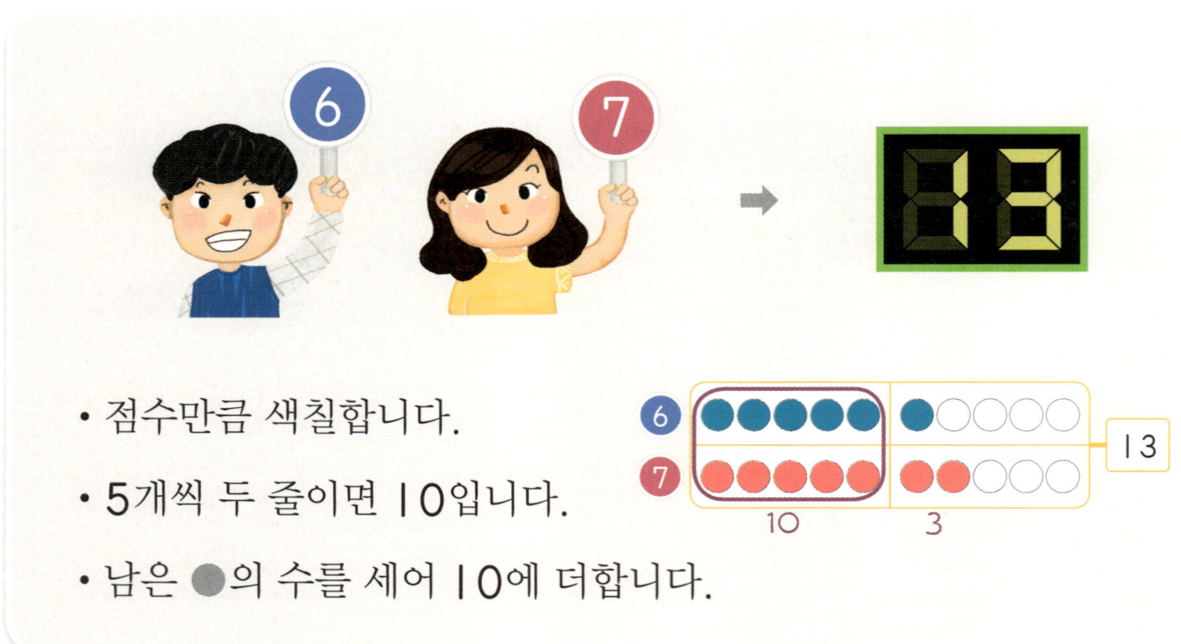

• 점수만큼 색칠합니다.

• 5개씩 두 줄이면 10입니다.

• 남은 ●의 수를 세어 10에 더합니다.

1 점수만큼 색칠하고, 모두 몇 점인지 쓰세요.

2 5개씩 묶어 10을 만들고, 빈칸에 알맞은 수를 쓰세요.

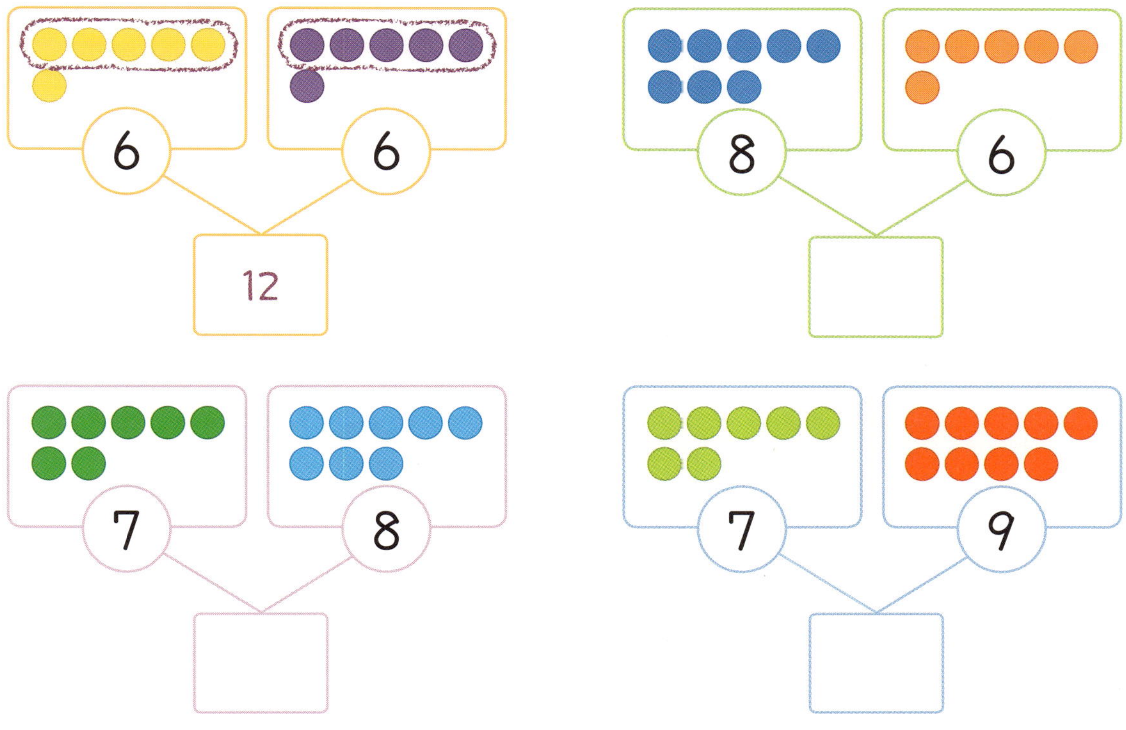

3 점수가 같은 것끼리 선으로 이어 보세요.

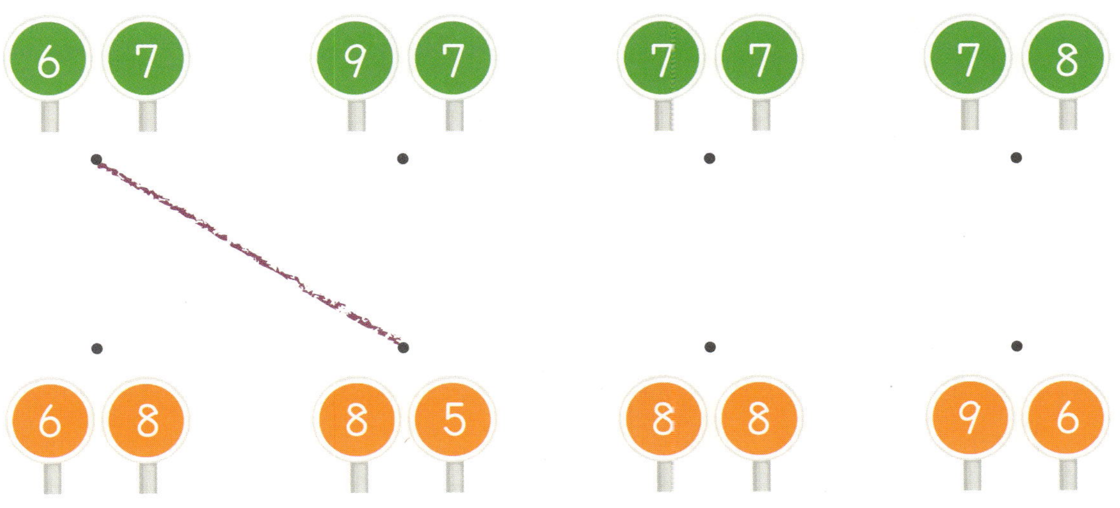

스토리텔링 창의수학

[구슬]

1 구슬은 모두 몇 개인지 쓰세요.

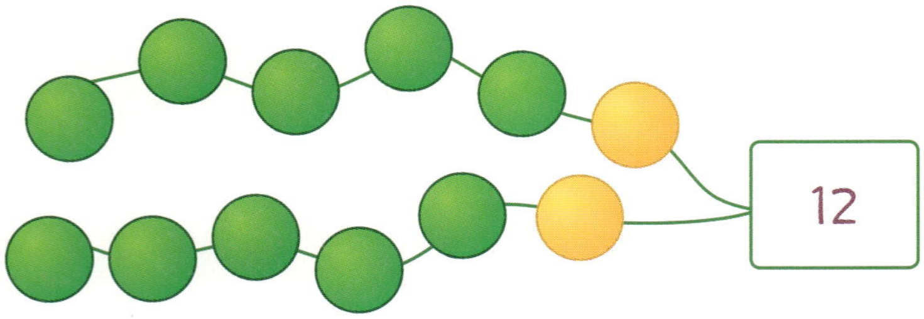

12

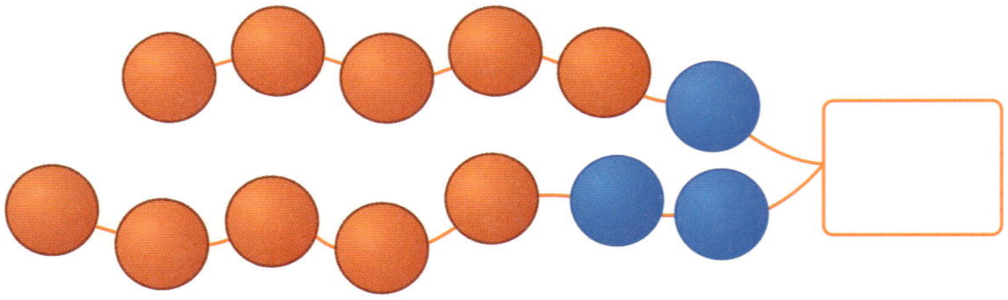

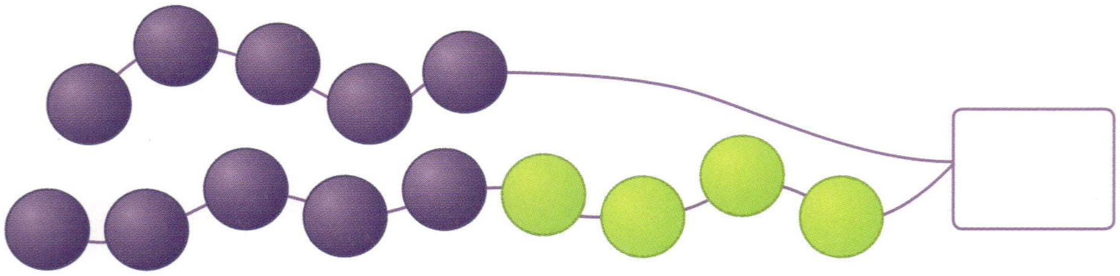

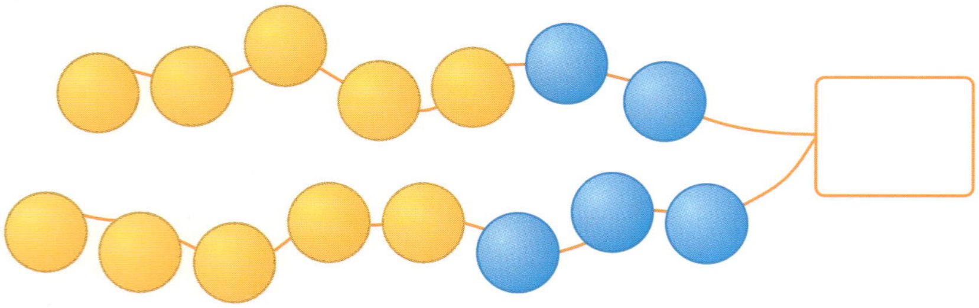

[가르기, 모으기]

2 가르고 모으는 과정입니다. 빈칸에 알맞은 수를 쓰세요.

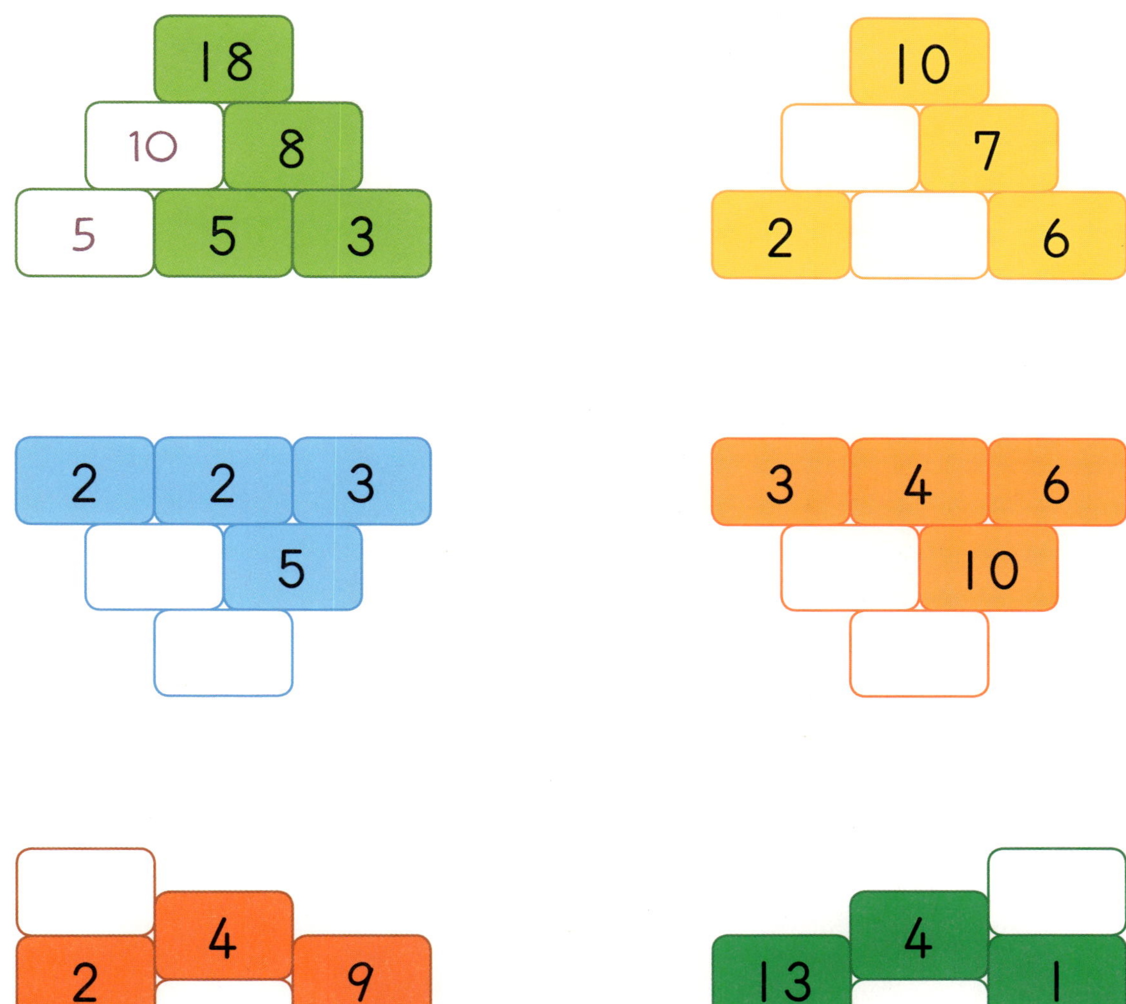

Tip

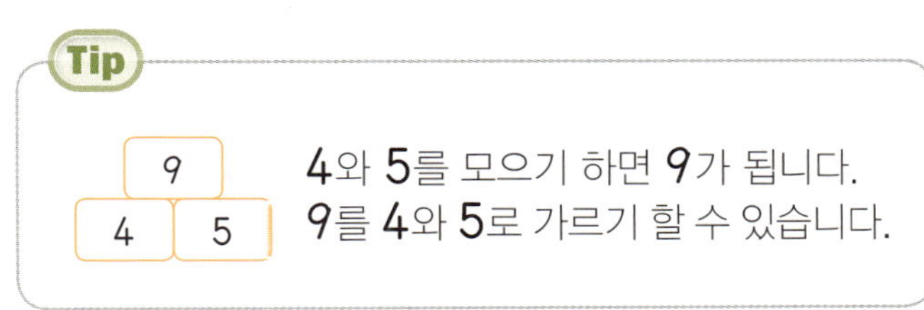

4와 5를 모으기 하면 9가 됩니다.
9를 4와 5로 가르기 할 수 있습니다.

[쿠키]

3 쿠키는 모두 몇 개인지 쓰세요.

11 개

개

개

Tip
통에 들어가는 쿠키는 10개입니다. 통을 모두 채우고, 남은 쿠키의 수를 10에 더합니다.

[수직선]

4 빈칸에 알맞은 수를 쓰세요.

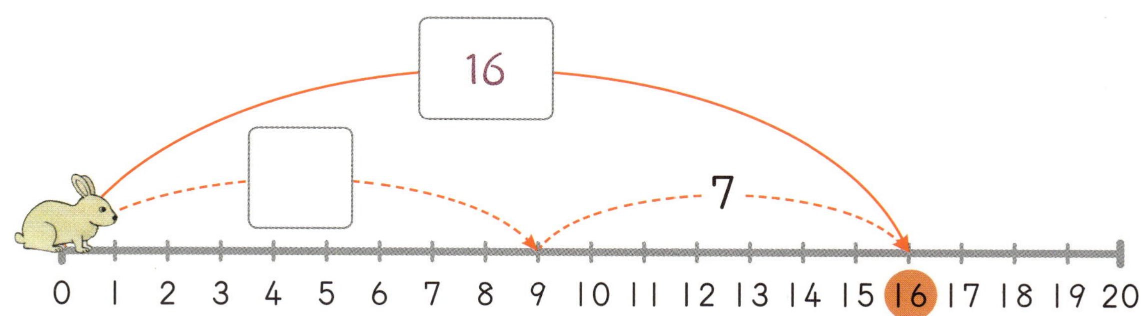

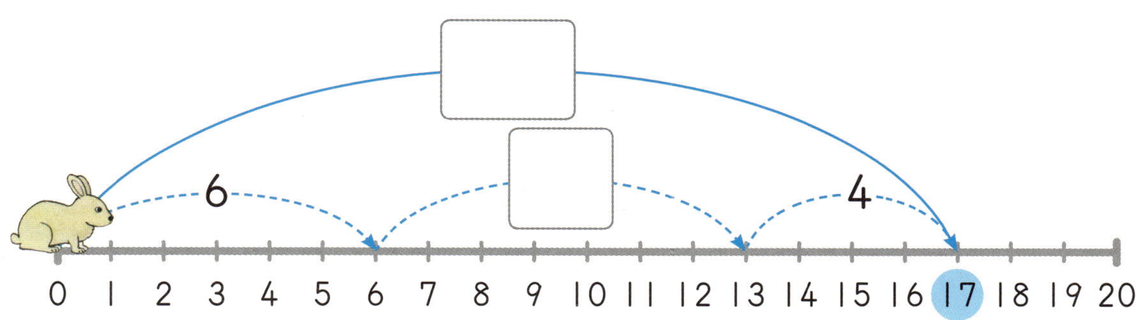

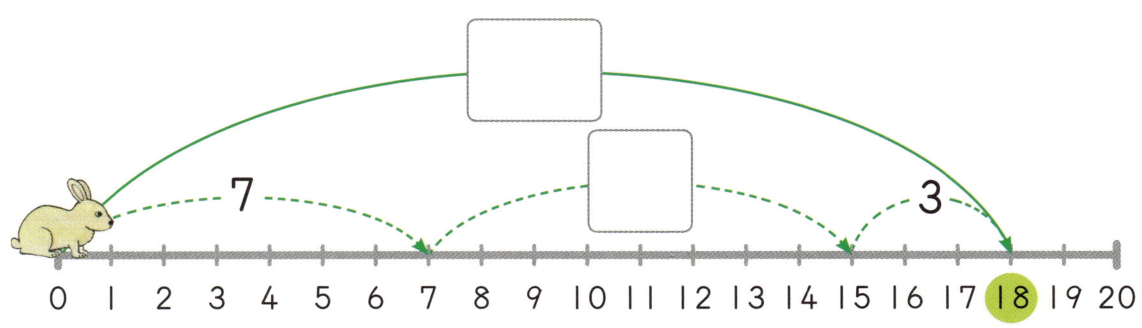

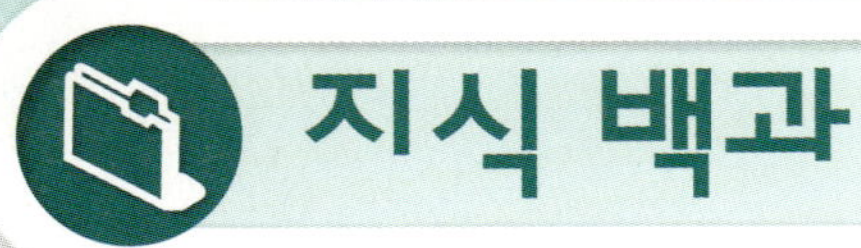

면 요리 10, 20, 30, 40, 50

스파게티 면은 **10** 분 삶아요.

스파게티 면을 삶을 때 소금을 살짝 넣어주면 면발이 탱탱해요.

가장 먹기 좋은 당면의 길이는 약 **20** cm입니다.

당면에 간장을 20mL 정도 넣고 삶으면 면에 간이 잘 배고, 쫄깃합니다.

쌀국수 면은 삶기 전 **30** 분 동안 물에 담가 둡니다.

쌀국수를 먹을 때 숙주를 면 아래에 넣으면 더 맛있게 먹을 수 있습니다.

라면 1봉지에 든 면의 길이는 **40** m입니다.

불을 끄기 40초 전에 달걀을 넣으면 가장 맛있습니다.

소면은 **50**원 동전만큼 잡으면 1인분이에요.

국수는 결혼식, 생일잔치, 환갑잔치에서 국수 면발처럼 길고 오래 잘 살라는 의미로 손님에게 대접하는 음식입니다.

Q 수 5, 10, 15가 들어가도록 요리 일기를 써 보세요.

A

년 월 일

84～85쪽에 사용하세요.

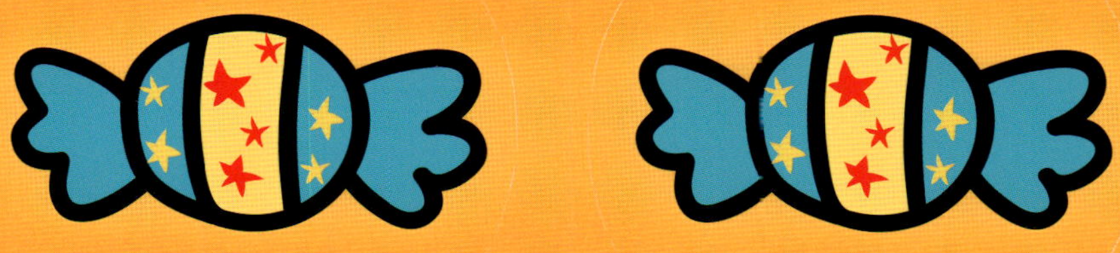
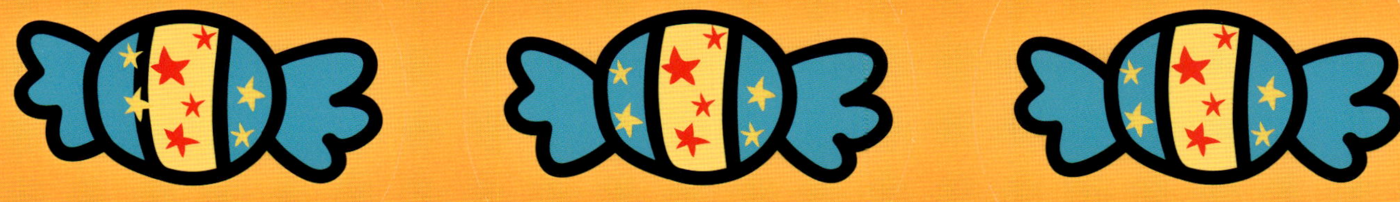

54～55쪽에 사용하세요.

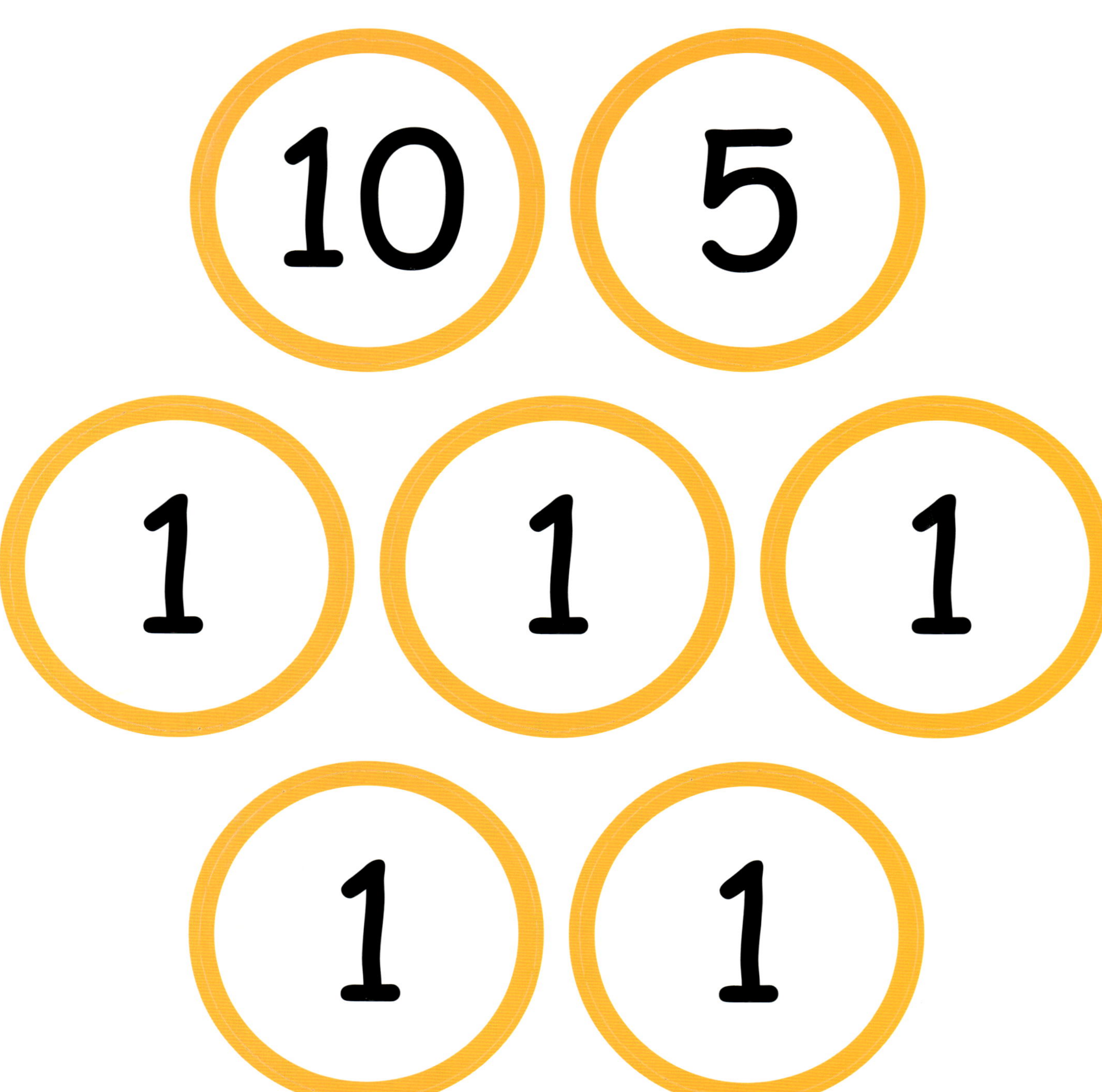

붙임 딱지 주사위 1

31쪽에 사용하세요.

붙임 딱지 주사위 2

35쪽에 사용하세요.

붙임 딱지 케이크, 도너츠

47쪽에 사용하세요.

붙임 딱지 동전

49쪽에 사용하세요.

붙임 딱지 생일 초

57쪽에 사용하세요.

붙임 딱지 주사위

112쪽에 사용하세요.

24~25쪽에 사용하세요.

1 1 1

1 1

1 1 1

1 1

붙임 딱지 달걀 요리 1

17쪽에 사용하세요.

붙임 딱지 달걀 요리 2

18쪽에 사용하세요.

붙임 딱지 달걀 요리 3

20쪽에 사용하세요.

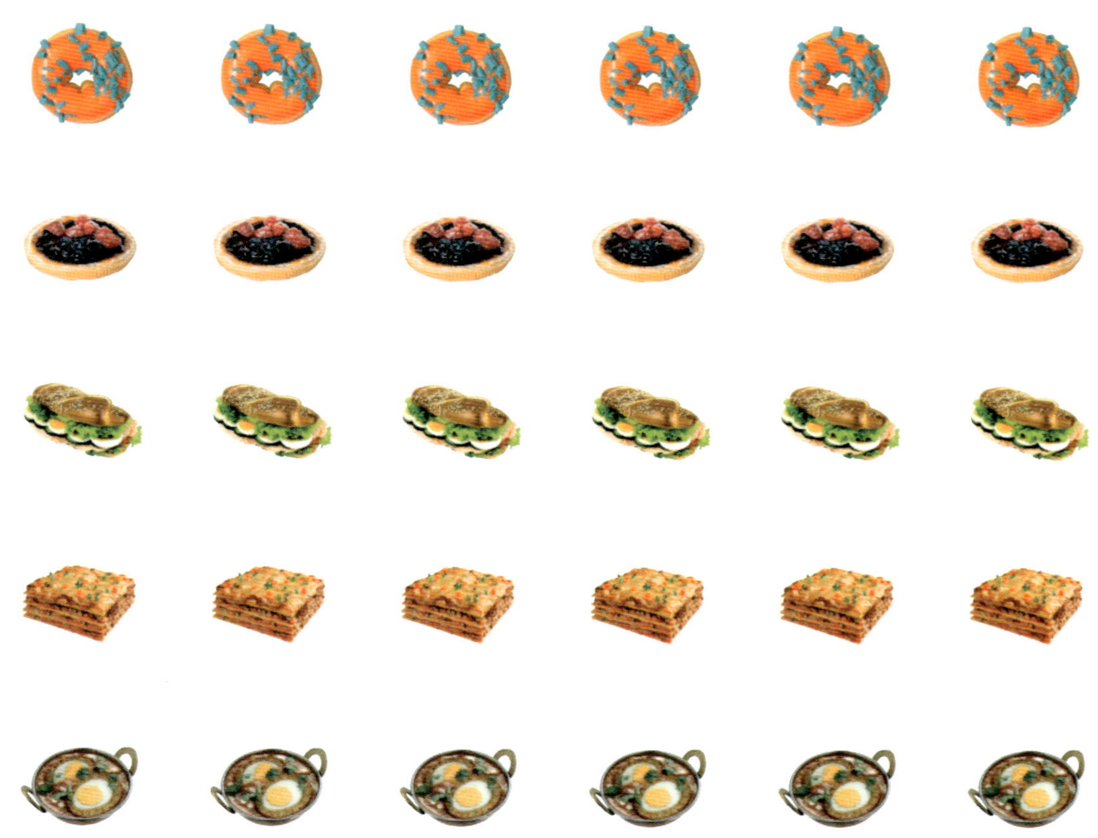

행복은 가까운 곳에

행복은 현재와 연결되어 있다.
목적지에 닿아야 비로소 행복해지는 것이 아니라
여행하는 과정에서 행복을 느끼기 때문이다.

앤드류 매튜스 (Andrew Matthews)

우리가 느끼는 행복이나 만족은 꼭 좋은 결과에만 달려 있는 것이 아니랍니다.
원하는 결과를 얻기 위해 한 단계씩 나아가며 노력하는 과정 그 자체를 즐겨 보세요.
행복은 열심히 노력하는 지금 이 순간에 있답니다.

창의력 수학
노크
A 단계

우리 아이의 수학적 잠재력을 깨워주는

창의력 수학 노크

Knock! Knock!

학부모 가이드

요리로
배우는 수학

천재교육

학부모 가이드

우리 아이의
수학적 잠재력을 깨워주는

창의력 수학 노크

A4

I 영양만점 달걀 요리

단원소개

달걀 10개를 이용하여 10의 의미를 알고, 10을 쓰고 읽을 수 있습니다. 10을 두 수와 세 수로 가르고, 모을 수 있습니다.

학습목표

1 10의 의미를 알고, 10을 쓰고 읽을 수 있게 합니다.
2 10이 6, 7, 8, 9보다 얼만큼 큰 수인지 알게 합니다.
3 10을 1과 9, 2와 8, 3과 7, 4와 6, 5와 5로 가르고, 모을 수 있게 합니다.
4 10을 세 수로 가르고, 모을 수 있게 합니다.

스토리 동기유발

완전식품인 달걀로 달걀 프라이와 달걀 카나페를 만들어 먹는 이야기입니다. 달걀 프라이와 카나페 이외에 어떤 달걀 요리가 있는지 아이와 함께 이야기 나누어 볼 수 있습니다.

14 · 15

달걀, 파프리카, 과자를 세어 보며, 10의 개념을 이해할 수 있습니다. 아이가 10을 쓰지 못하는 경우, 뒤의 내용을 학습한 후에 빈칸을 채워도 됩니다.

개념 알기 1 10 알아보기 (1)

10

• 9보다 1 큰 수를 10이라고 합니다.

• 1이 10개인 10은 십 또는 열이라고 읽습니다.

1 수를 따라 쓰고 빈칸에 알맞은 말을 써넣으세요.

10 (십, 열)

10	십	열	10	10	10
10	십	열	10	10	10

16 요리 I

2 10을 나타내는 그림을 찾아 ○표 하세요.

3 10개가 되도록 붙임 딱지를 붙여 보세요. 붙임 딱지 달걀 요리 1

영양만점 달걀 요리 17

16 · 17

10을 9보다 1 큰 수로 이해하고, 10을 쓰고 읽어 봅니다.

1 10을 쓰고 읽는 방법을 익히는 문제입니다. 아이가 바르게 쓰고 읽을 수 있게 지도해 줍니다.

2 마카롱을 하나씩 세어 보며, 10개인 것을 찾아봅니다. 10개가 아닌 그림에 마카롱을 몇 개 더 그려야 10개가 되는지 이야기해 볼 수 있습니다.

3 하나씩 세어 보고, 10개가 될 때까지 붙임 딱지를 붙여 봅니다.

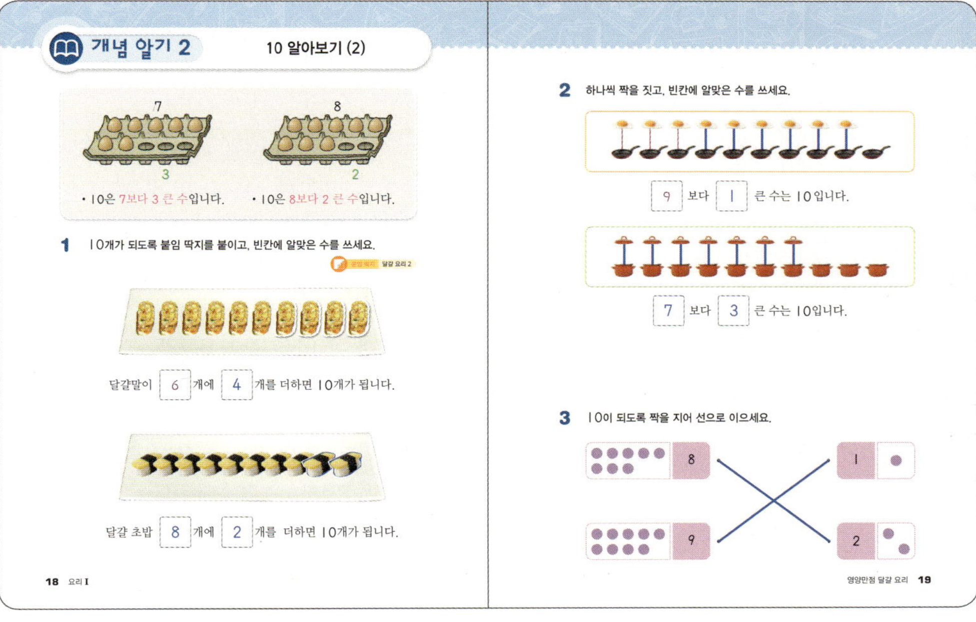

개념 알기 2 10 알아보기 (2)

7 3 / 8 2

• 10은 7보다 3 큰 수입니다. • 10은 8보다 2 큰 수입니다.

1 10개가 되도록 붙임 딱지를 붙이고, 빈칸에 알맞은 수를 쓰세요. 붙임 딱지 달걀 요리 2

달걀말이 6 개에 4 개를 더하면 10개가 됩니다.

달걀 초밥 8 개에 2 개를 더하면 10개가 됩니다.

18 요리 I

2 하나씩 짝을 짓고, 빈칸에 알맞은 수를 쓰세요.

9 보다 1 큰 수는 10입니다.

7 보다 3 큰 수는 10입니다.

3 10이 되도록 짝을 지어 선으로 이으세요.

8 · 9 / 1 · 2

영양만점 달걀 요리 19

18 · 19

10이 6, 7, 8, 9보다 얼만큼 큰 수인지 알아봅니다.

1 접시 위의 달걀말이와 달걀 초밥의 개수를 세고, 10개가 되려면 붙임 딱지를 몇 개 더 붙여야 하는지 생각해 보게 합니다.

2 하나씩 짝을 지어 10은 9보다 1 큰 수, 7보다 3 큰 수라는 것을 구체물을 통해 확인할 수 있습니다.

3 두 수씩 짝을 지어 10을 만드는 과정을 통해 8과 9는 얼만큼 더 있으면 10이 되는지 알아보는 문제입니다.

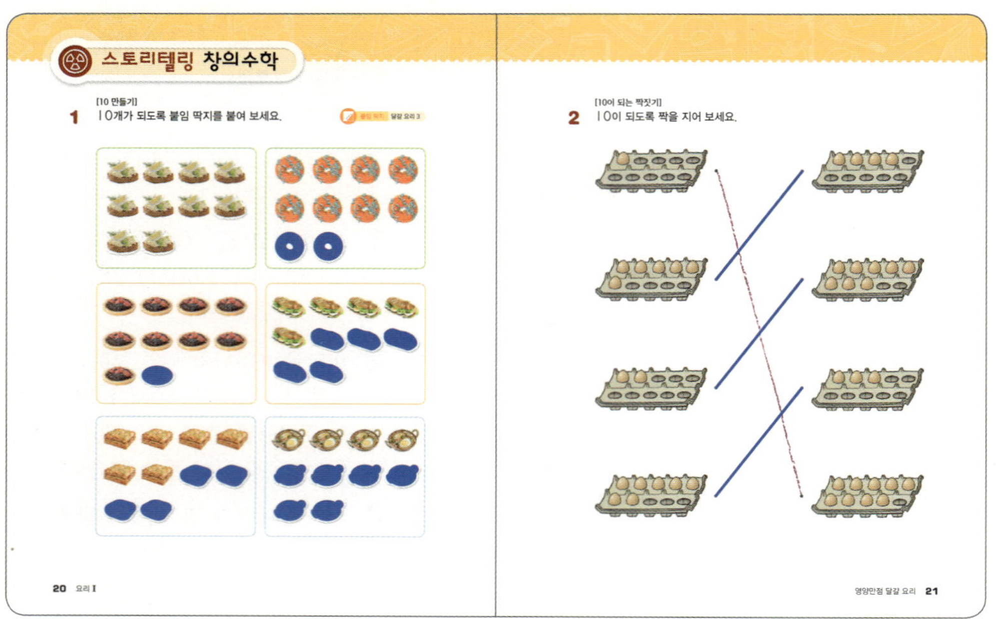

20 · 21

1 10개가 되려면 몇 개가 더 필요한지 예상해 본 후 붙임 딱지를 붙여 봅니다. 하나씩 세어 가며 10개가 될 때까지 붙여도 됩니다.

2 왼쪽 달걀판을 보고, 10개가 되려면 몇 개가 더 필요한지 예상해 본 후 짝을 지어 봅니다. 달걀판의 비어 있는 곳을 보고, 직관적으로 판단할 수도 있습니다.

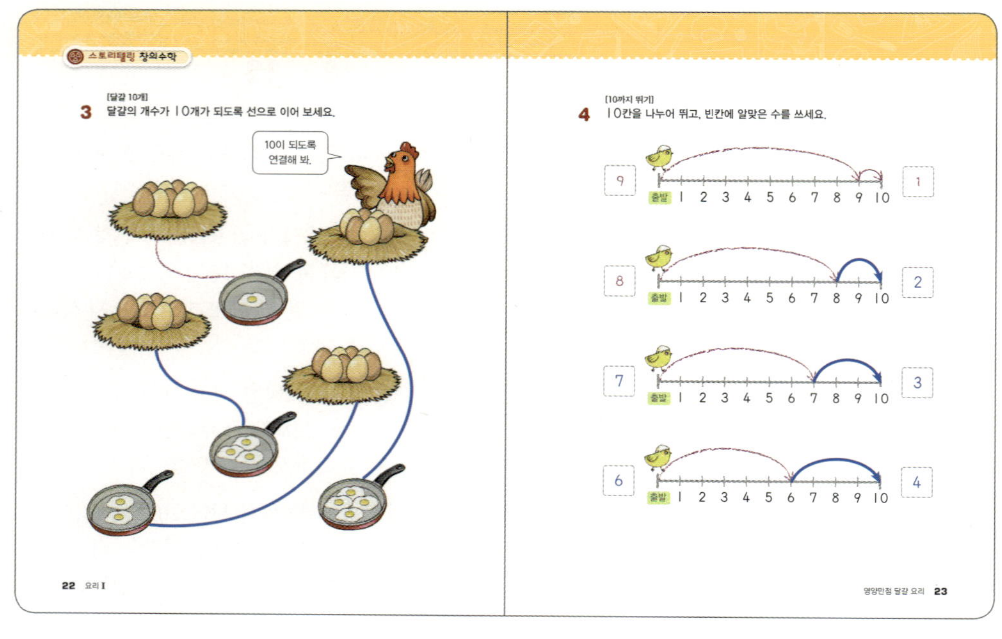

22 · 23

3 달걀과 달걀 프라이의 개수가 10이 되도록 선으로 이어 봅니다. 달걀의 개수를 세어 10개가 되려면 달걀 프라이가 몇 개 필요한지 미리 예상해 볼 수 있습니다.

4 10개의 칸을 9칸과 1칸, 8칸과 2칸, 7칸과 3칸, 6칸과 4칸으로 나누어 뛸 수 있습니다. 아이가 그림을 그리고, 빈칸을 채울 수 있게 도와줍니다.

24 · 25

수 카드를 이용하여 10을 두 수로 가르는 게임입니다. 10이 어떤 수들로 갈라지는지 관찰하고, 이야기해 봅니다. '가르기'라는 말은 따로 사용하지 않아도 됩니다.

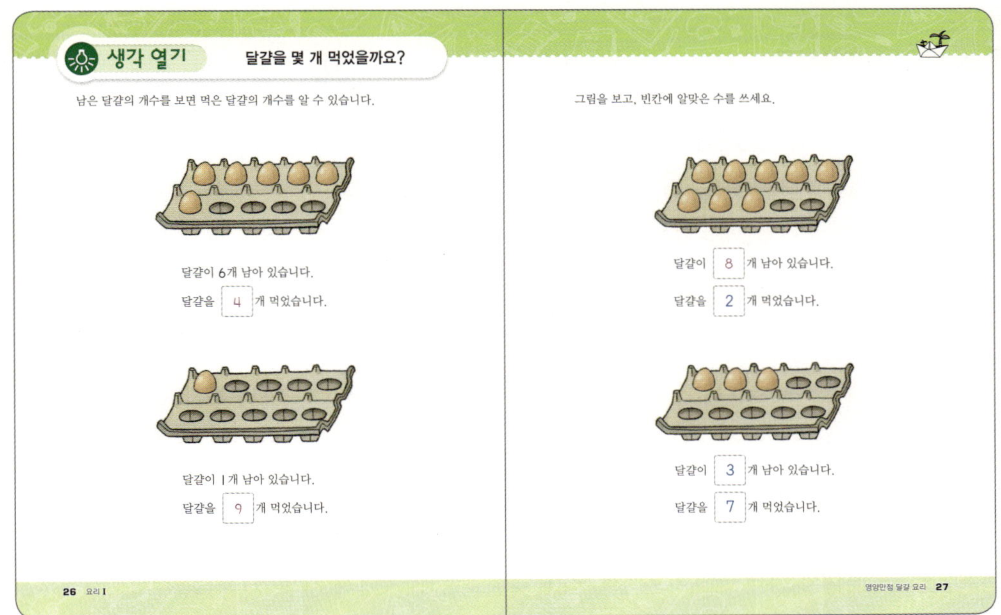

26 · 27

먹은 달걀의 개수와 남은 달걀의 개수는 10을 두 수로 가른 것과 같습니다. 10 가르기를 배우기 전에 그 의미를 생각해 볼 수 있습니다.

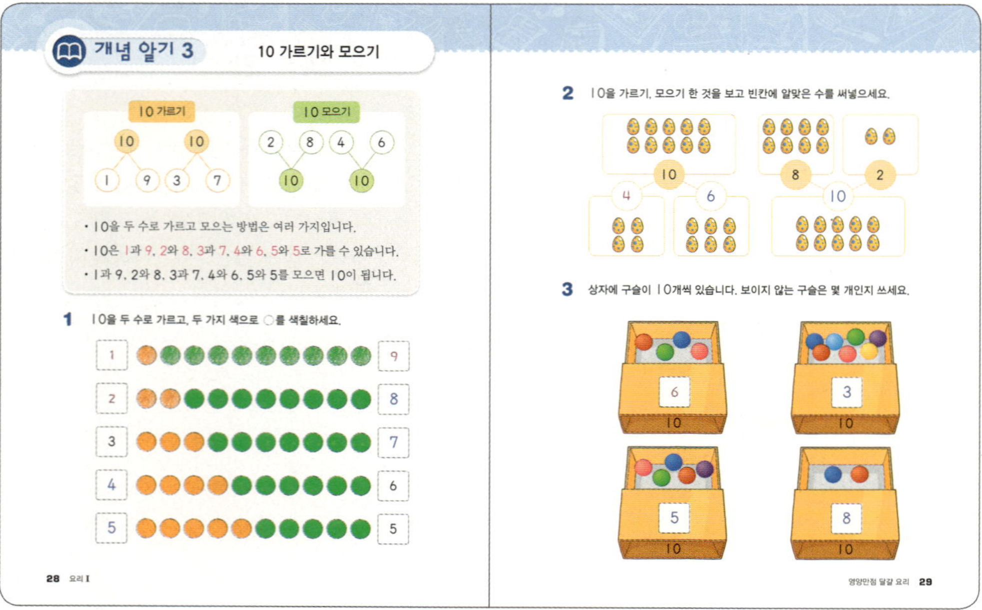
개념 알기 3 10 가르기와 모으기

10 가르기 / 10 모으기

• 10을 두 수로 가르고 모으는 방법은 여러 가지입니다.
• 10은 1과 9, 2와 8, 3과 7, 4와 6, 5와 5로 가를 수 있습니다.
• 1과 9, 2와 8, 3과 7, 4와 6, 5와 5를 모으면 10이 됩니다.

1 10을 두 수로 가르고, 두 가지 색으로 ○를 색칠하세요.

2 10을 가르기, 모으기 한 것을 보고 빈칸에 알맞은 수를 써넣으세요.

3 상자에 구슬이 10개씩 있습니다. 보이지 않는 구슬은 몇 개인지 쓰세요.

28 요리 I / 영양만점 달걀 요리 29

28 · 29

10을 두 수로 가르고, 두 수를 10으로 모아 봅니다.

1 10을 두 수로 갈라 색칠하고, 해당하는 수를 씁니다.

2 10개를 둘로 가르기 한 것을 보고, 구체물의 개수를 씁니다.

3 10개의 구슬 중 보이지 않는 구슬의 개수를 예상해 봅니다. 보이는 구슬과 보이지 않는 구슬의 수는 10을 두 수로 가른 것과 같습니다.

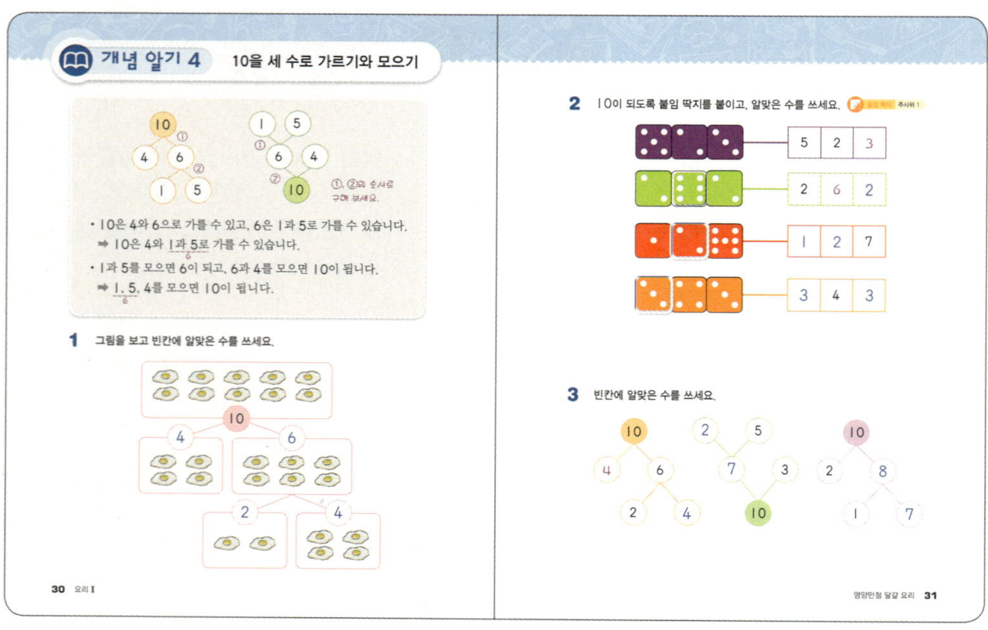
개념 알기 4 10을 세 수로 가르기와 모으기

• 10은 4와 6으로 가를 수 있고, 6은 1과 5로 가를 수 있습니다.
➡ 10은 4와 1과 5로 가를 수 있습니다.
• 1과 5를 모으면 6이 되고, 6과 4를 모으면 10이 됩니다.
➡ 1, 5, 4를 모으면 10이 됩니다.

1 그림을 보고 빈칸에 알맞은 수를 쓰세요.

2 10이 되도록 붙임 딱지를 붙이고, 알맞은 수를 쓰세요.

3 빈칸에 알맞은 수를 쓰세요.

30 요리 I / 영양만점 달걀 요리 31

30 · 31

10을 세 수로 가르고, 세 수를 10으로 모아 봅니다.

1 10을 가르기 한 것을 보고, 구체물의 개수를 씁니다.

2 주사위 눈의 개수를 세어 세 개의 주사위 눈의 수가 10이 되도록 그려 봅니다. 3개의 주사위에 그려진 눈의 수는 10을 세 수로 가른 것과 같습니다.

3 10을 가르고, 10으로 모아 봅니다. 가르기는 위에서부터, 모으기는 아래에서부터 채워 나갑니다.

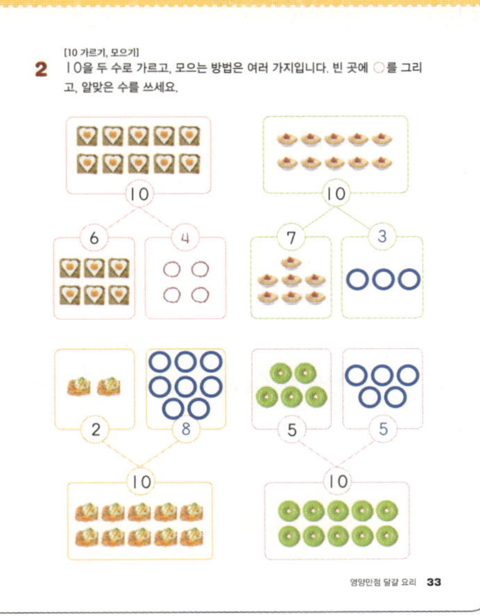

32 · 33

1 그림의 개수를 세어 10이 되는 것을 찾아봅니다. 한 쪽을 가린 후 10이 되려면 몇 개가 더 필요한지 이야기해 볼 수 있습니다.

2 10을 두 수로 갈라 빈 곳에 알맞은 개수만큼 ○를 그리고, 개수를 세어 수를 쓸 수 있게 도와줍니다.

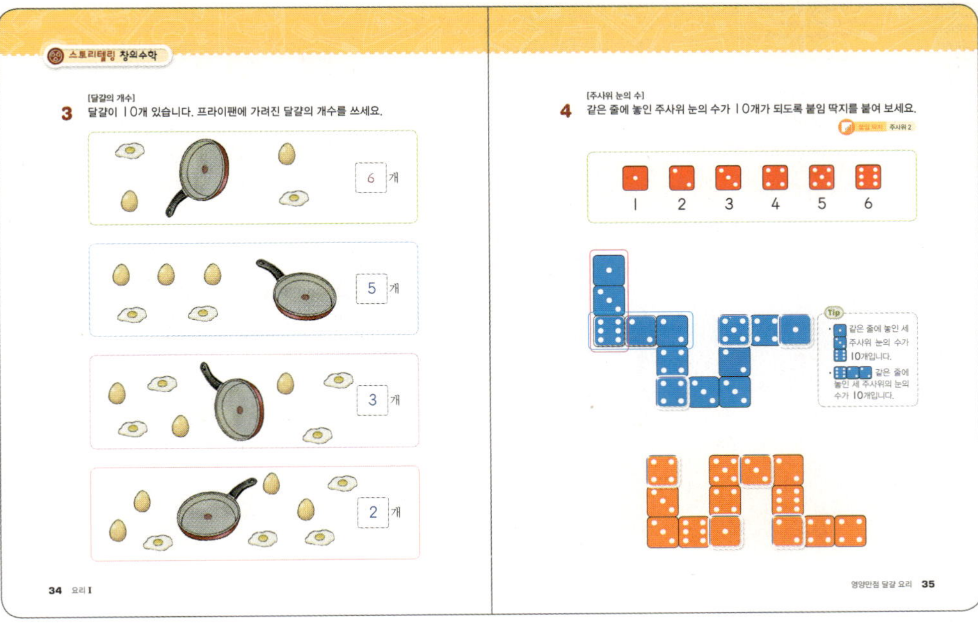

34 · 35

3 달걀과 달걀 프라이의 수를 세어 보고, 10이 되려면 프라이팬 아래의 달걀은 몇 개가 되어야 하는지 예상해 봅니다.

4 같은 줄에 놓인 주사위 3개의 눈의 수가 모두 10이 되어야 합니다. 몇 개의 눈이 더 있어야 10이 되는지 예상해 보고, 붙임 딱지를 붙입니다.

II 누구 생일 케이크일까?

단원소개

케이크에 꽂힌 큰 초(10)와 작은 초(1)를 이용하여 11부터 20까지의 수를 세어 쓰고 읽을 수 있습니다. 또한 10원, 5원, 1원짜리 동전을 사용하여 11부터 20까지의 수를 만들어 봅니다.

학습목표

1 11, 12, 13, 14, 15의 의미를 알고, 수를 세어 쓰고 읽게 합니다.
2 10원, 5원, 1원짜리 동전을 사용하여 11부터 15까지의 수를 나타내게 합니다.
3 16, 17, 18, 19의 의미를 알고, 10개씩 묶어서 셀 수 있게 합니다.
4 20의 의미를 알고, 20을 가르고 20으로 모을 수 있게 합니다.

스토리 동기유발

엄마가 만든 생일 케이크에 꽂힌 초의 개수를 보며, 생일 초와 나이의 관계를 생각해 보는 이야기입니다. 우리 가족의 생일 케이크에는 몇 개의 초를 꽂아야 하는지 이야기해 볼 수 있습니다.

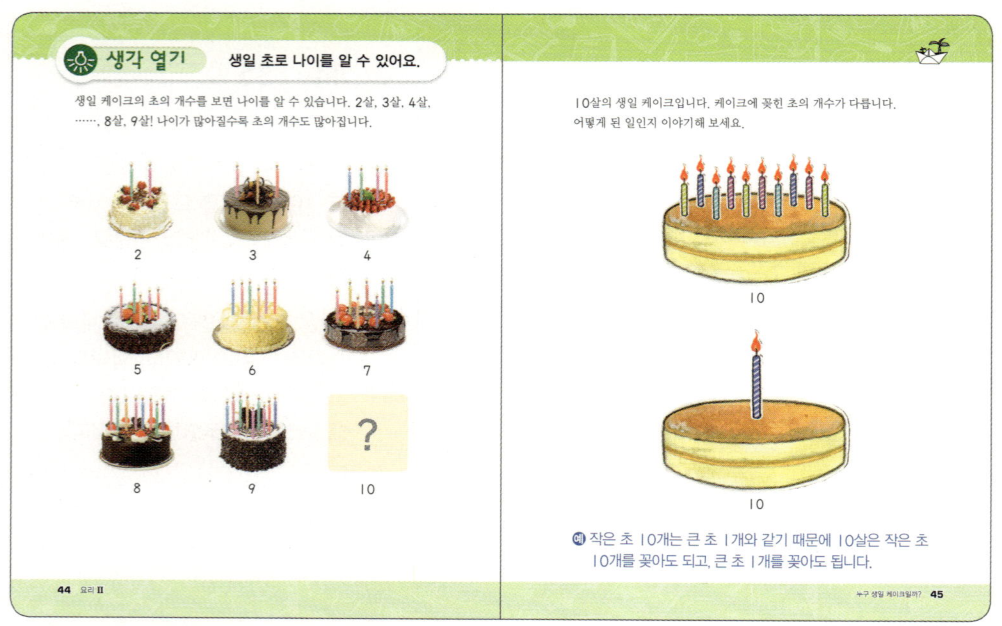

생각 열기 생일 초로 나이를 알 수 있어요.

생일 케이크의 초의 개수를 보면 나이를 알 수 있습니다. 2살, 3살, 4살, ……, 8살, 9살! 나이가 많아질수록 초의 개수도 많아집니다.

2 3 4 5 6 7 8 9 ? 10

44 요리 II

10살의 생일 케이크입니다. 케이크에 꽂힌 초의 개수가 다릅니다. 어떻게 된 일인지 이야기해 보세요.

10

10

예 작은 초 10개는 큰 초 1개와 같기 때문에 10살은 작은 초 10개를 꽂아도 되고, 큰 초 1개를 꽂아도 됩니다.

누구 생일 케이크일까? 45

44 · 45

큰 생일 초(10)와 작은 생일 초(1)를 사용하여 1부터 10까지의 수를 나타내어 봅니다. 10살의 생일 케이크에 꽂힌 초의 개수가 다른 이유에 대해 아이와 이야기를 나누어 본 후, 큰 생일 초(10)가 없다면 어떤 일이 생길지도 이야기해 볼 수 있습니다.

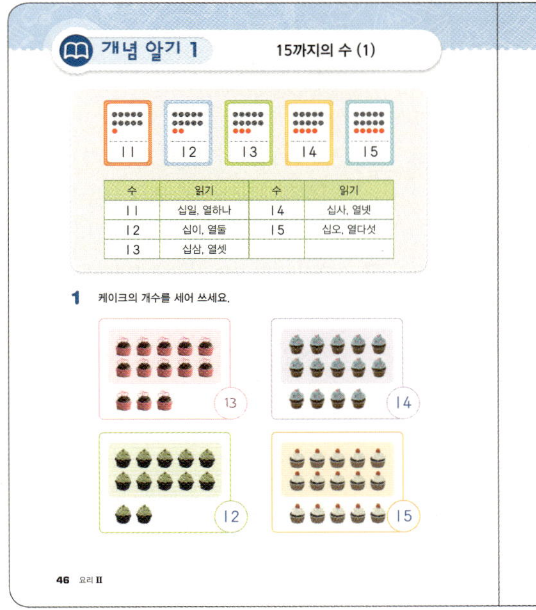
개념 알기 1 15까지의 수 (1)

수	읽기	수	읽기
11	십일, 열하나	14	십사, 열넷
12	십이, 열둘	15	십오, 열다섯
13	십삼, 열셋		

1 케이크의 개수를 세어 쓰세요.

13 14 12 15

46 요리 II

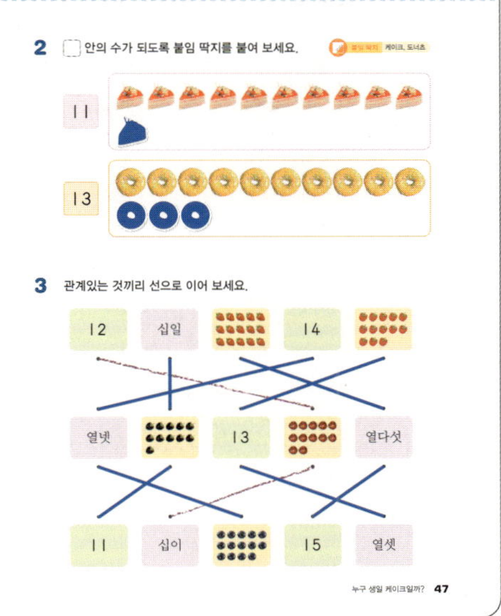
2 □안의 수가 되도록 붙임 딱지를 붙여 보세요.

11 13

3 관계있는 것끼리 선으로 이어 보세요.

12 십일 14

열넷 13 열다섯

11 십이 15 열셋

누구 생일 케이크일까? 47

46 · 47

10개씩 묶음과 낱개로 표현된 11, 12, 13, 14, 15를 세어 수로 쓰고 읽어 봅니다.

1 10개씩 묶음과 낱개로 된 케이크의 개수를 세어 수를 쓸 수 있게 도와줍니다. 수를 쓰면서 읽어도 좋습니다.

2 11, 13이 되기 위해서는 10개에 몇 개씩 더 있어야 하는지 생각하며 붙임 딱지를 붙일 수 있도록 합니다.

3 여러 가지 방법으로 표현된 수들 중 같은 수를 찾아 연결하는 문제입니다.

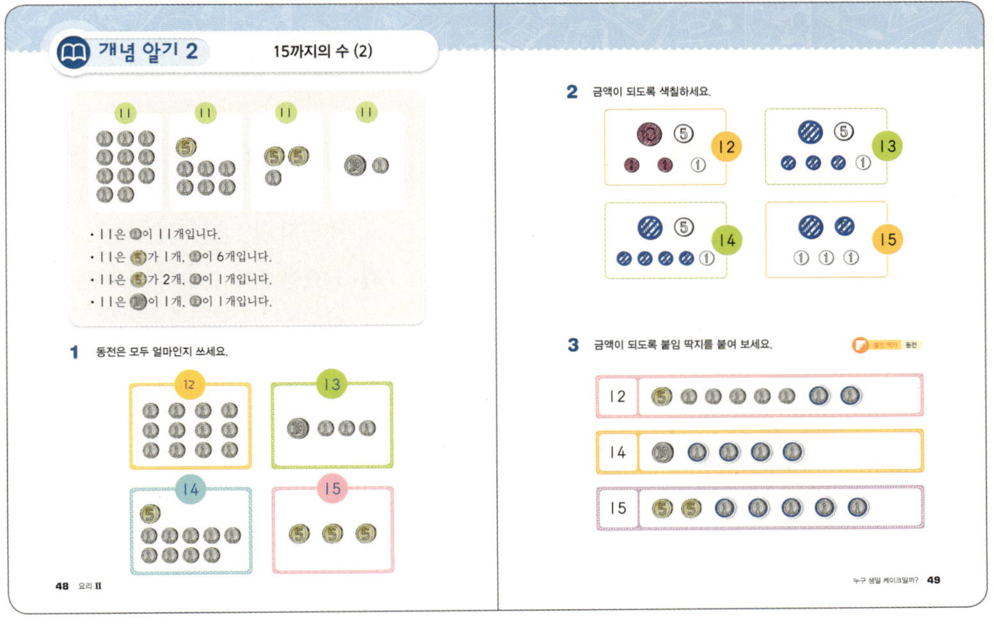
개념 알기 2 15까지의 수 (2)

11 11 11 11

- 11은 ①이 11개입니다.
- 11은 ⑤가 1개, ①이 6개입니다.
- 11은 ⑤가 2개, ①이 1개입니다.
- 11은 ⑩이 1개, ①이 1개입니다.

1 동전은 모두 얼마인지 쓰세요.

12 13 14 15

48 요리 II

2 금액이 되도록 색칠하세요.

12 13 14 15

3 금액이 되도록 붙임 딱지를 붙여 보세요.

12 14 15

누구 생일 케이크일까? 49

48 · 49

10, 5, 1을 사용하여 11부터 15까지의 수를 나타내어 봅니다.

1 큰 단위의 동전부터 차례로 세어 동전이 나타내는 수를 씁니다.

2 10원, 5원, 1원짜리 동전을 사용하여 12, 13, 14, 15를 만들어 봅니다. 큰 단위의 동전부터 색칠한 다음 더 필요한 수만큼 색칠하면 됩니다.

3 12, 14, 15를 만들기 위해 더 필요한 금액을 생각하여 붙임 딱지를 붙입니다.

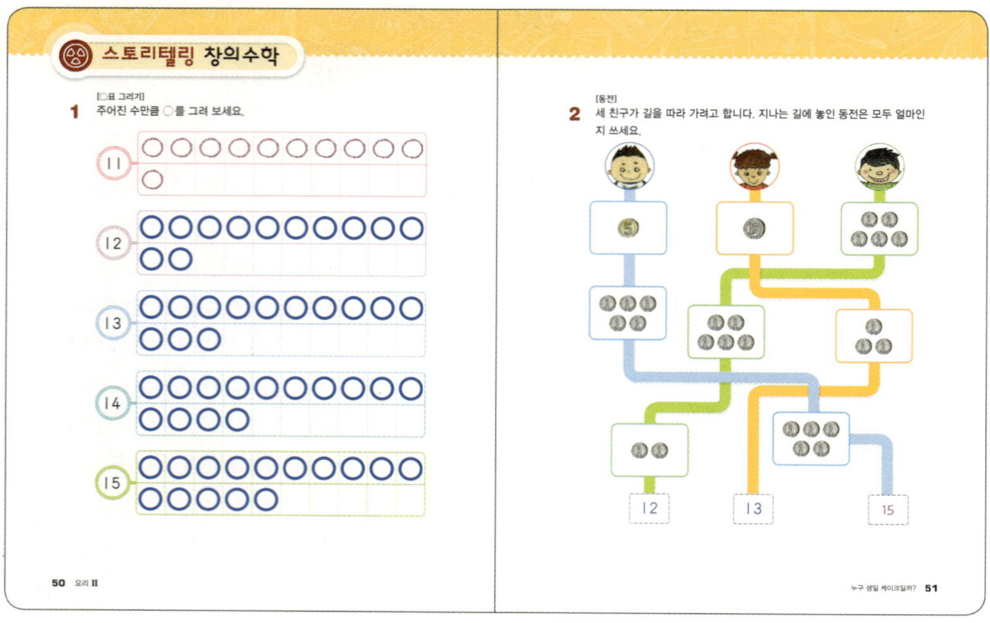

50 · 51

1 개수를 세어 가며 ◯를 그려 봅니다. 11부터 15까지의 수가 10보다 얼마나 더 큰 수인지 알 수 있습니다.

2 같은 색의 길에 놓인 동전을 세어 봅니다. 길을 따라가며 동전을 차례대로 세면 됩니다.

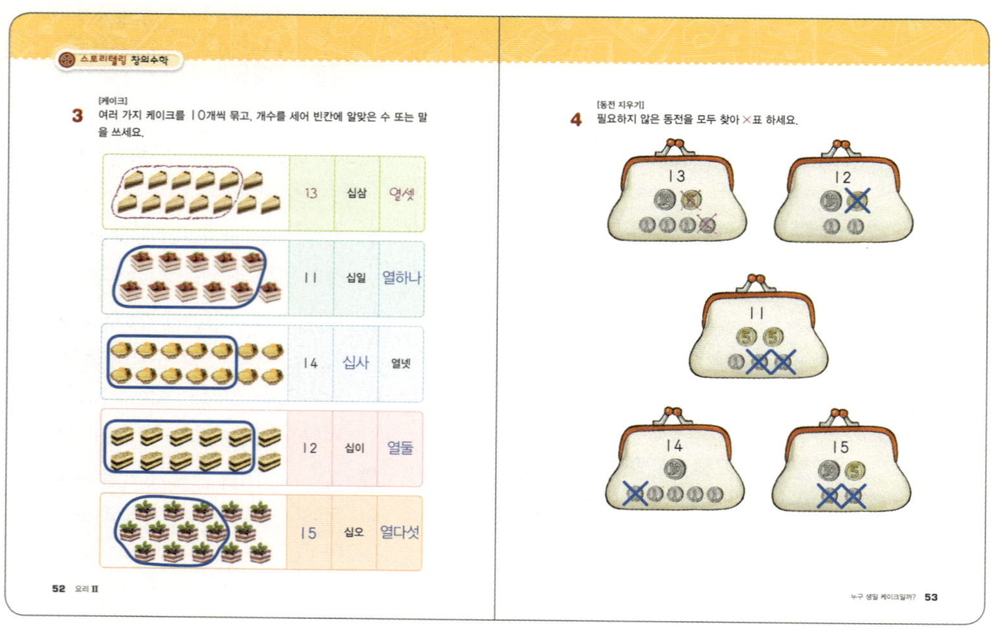

52 · 53

3 10개를 세어 묶어 봅니다. 11, 12, 13, 14, 15가 10보다 얼마나 더 큰 수인지 확인할 수 있습니다.

4 필요한 돈을 만들기 위해 큰 단위의 동전부터 사용하여 문제를 해결합니다. 지갑 안의 동전으로 얼마를 만들 수 있는지 생각해 볼 수 있습니다.

54 · 55

10, 5, 1 단위의 수 카드를 이용하여 20을 두 수로 갈라 봅니다. 20이 어떤 수들로 갈라지는지 관찰하고, 이야기해 봅니다. '가르기'라는 말은 따로 사용하지 않아도 됩니다.

56 · 57

큰 생일 초(10) 1개와 작은 생일 초(1) 10개 또는 큰 생일 초(10) 2개로 20을 만들 수 있습니다. 아이 스스로 방법을 찾을 수 있게 도와줍니다.

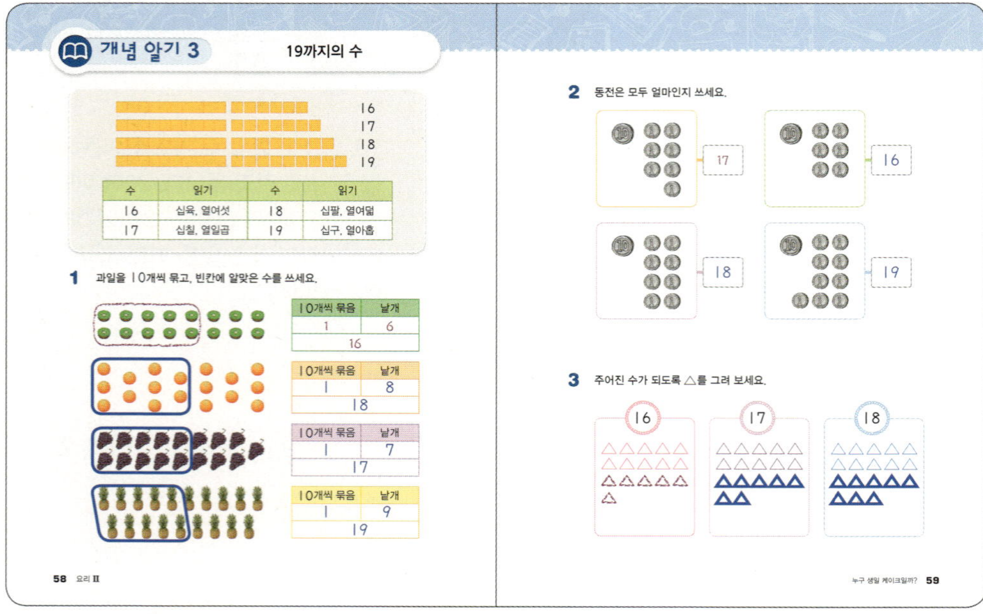

58 · 59

10개씩 묶음과 낱개로 표현된 16, 17, 18, 19를 세어 수를 쓰고 읽어 봅니다.

1 10개씩 세어 묶고, 묶음과 낱개의 개수를 세어 수를 써 봅니다. 수를 쓰면서 읽어도 좋습니다.

2 10원짜리 동전과 1원짜리 동전을 세어 수를 써 봅니다. 10을 먼저 센 다음 1을 차례대로 세면 됩니다.

3 16, 17, 18이 되기 위해서는 10개에 몇 개가 더 있어야 하는지 생각하며 △를 그릴 수 있도록 합니다.

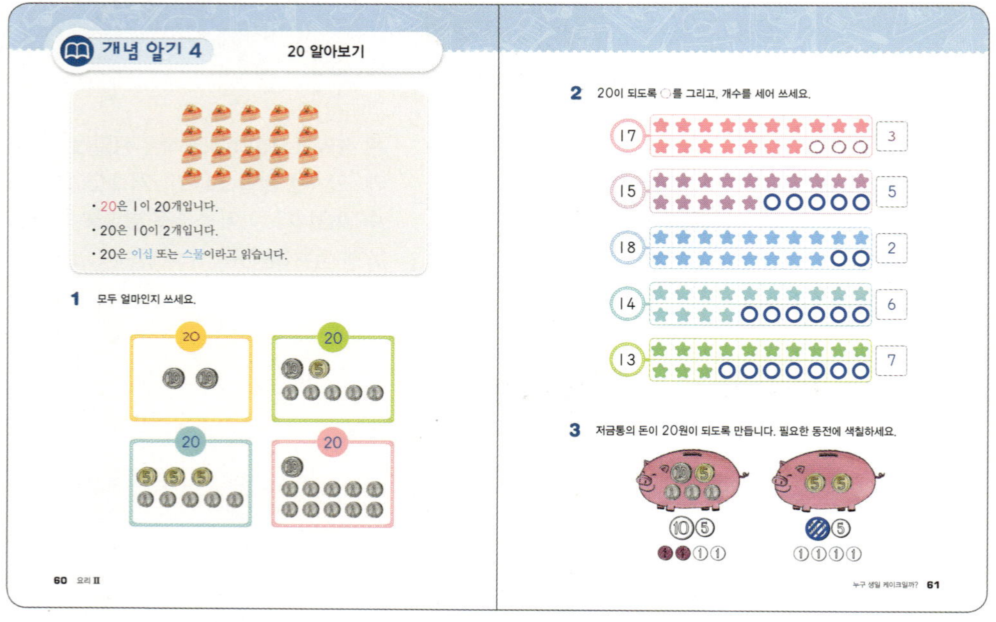

60 · 61

20을 알고, 개수를 세어 수를 쓰고 읽어 봅니다.

1 10원, 5원, 1원짜리 동전을 이용하여 20원을 만드는 여러 방법을 알아 봅니다.

2 20이 되려면 몇 개를 더 그려야 하는지 예상해 봅니다. 왼쪽의 수와 오른쪽의 수는 20을 두 수로 가른 것과 같습니다.

3 20원을 만들기 위해 더 저금해야 하는 금액과 저금통에 있는 금액은 20을 두 수로 가른 것과 같습니다.

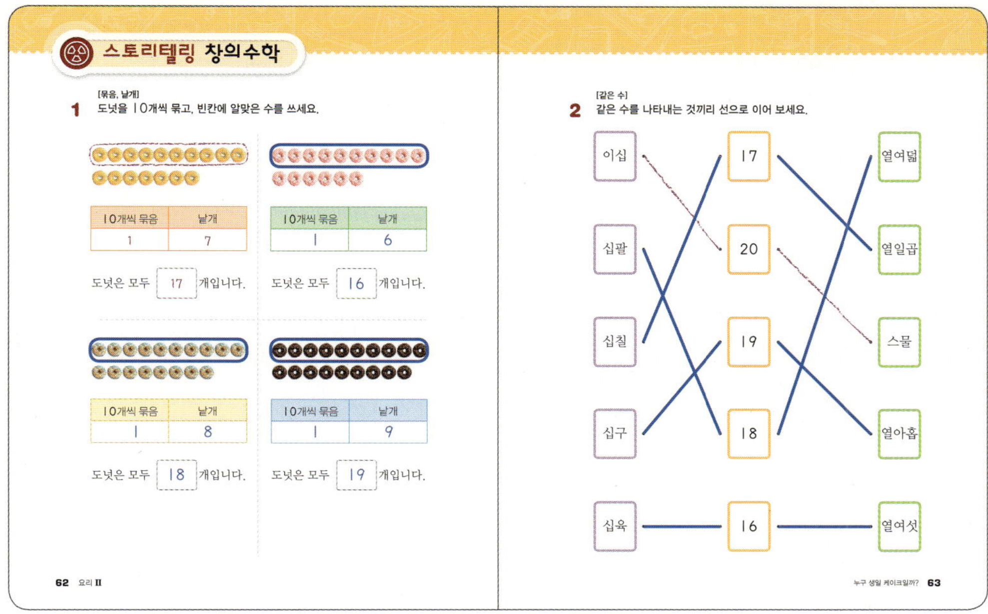

62 · 63

1 10개씩 세어 묶고, 묶음과 낱개의 개수를 세어 수를 써 봅니다. 수를 쓰면서 읽어도 좋습니다.

2 하나의 수를 읽는 방법은 2가지가 있습니다. 따라 읽으며, 알맞은 수를 적은 후 같은 수를 찾아 선으로 연결해 볼 수 있습니다.

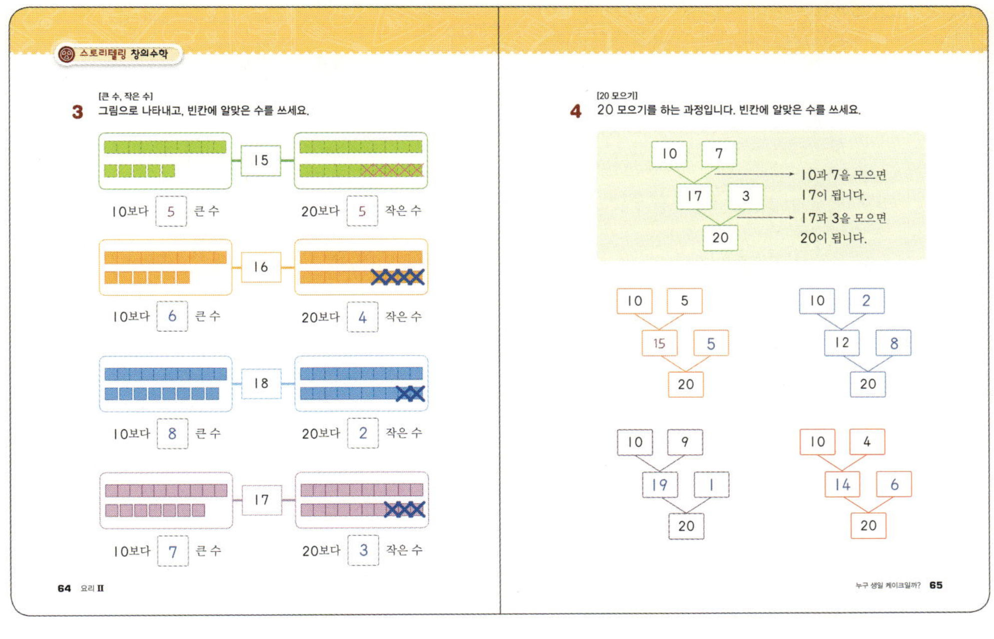

64 · 65

3 10개씩 묶음과 낱개를 세어 빈칸을 채워 봅니다. 또한 같은 수를 만들기 위해 20개 중 몇 개를 지워야 하는지 예상해 봅니다. 더 많은 것이 더 큰 수, 더 적은 것이 더 작은 수임을 다시 한 번 알려 준 후, 문제를 해결하게 합니다.

4 위의 두 수를 모아 아래의 수가 되도록 빈칸을 채워 봅니다.

III 아삭아삭 건강 샐러드

단원소개

샐러드를 만드는 데 사용하는 채소와 과일을 둘씩 짝을 지어 보면 짝수와 홀수의 개념을 이해할 수 있습니다. 또한 수의 순서를 알고, 수 배열표에서 규칙을 찾을 수 있으며, 뛰어 세기의 개념을 이해할 수 있습니다.

학습목표

1 구체물을 2개씩 묶어 보며 둘씩 짝을 지을 수 있는 수와 짝을 지을 수 없는 수를 찾게 합니다.
2 둘씩 짝을 지어 남는 것이 없으면 짝수, 남는 것이 있으면 홀수임을 알게 합니다.
3 수 배열표를 통해 수의 순서를 알고, 수 배열표에 숨어 있는 규칙을 이용하여 빈칸을 채우게 합니다.
4 수를 일정한 간격으로 뛰어 셀 수 있으며, 뛰어 세기를 이용하여 빈칸을 채우게 합니다.

스토리 동기유발

채소의 종류를 알아보고, 샐러드 요리를 하기 위해 직접 가꾼 채소를 수확하는 이야기입니다. 또, 어떤 요리를 만들면 좋을지 아이와 함께 이야기해 볼 수 있습니다.

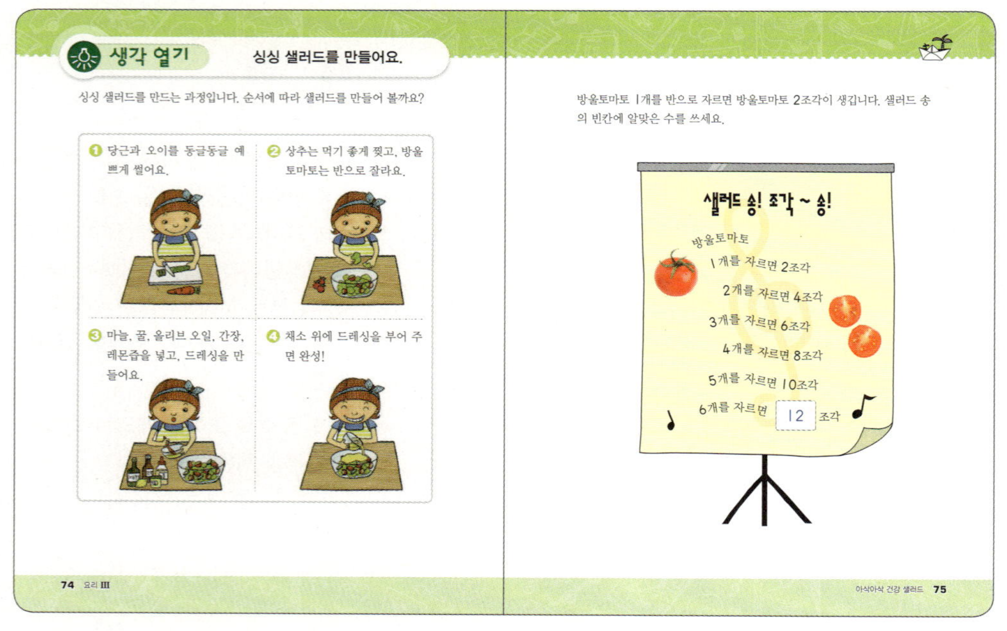

74 · 75

과일을 반으로 잘랐을 때 만들어지는 조각의 수는 과일의 개수를 2번 더한 것과 같습니다. 아이가 스스로 규칙을 찾을 수 있도록 도와줍니다.

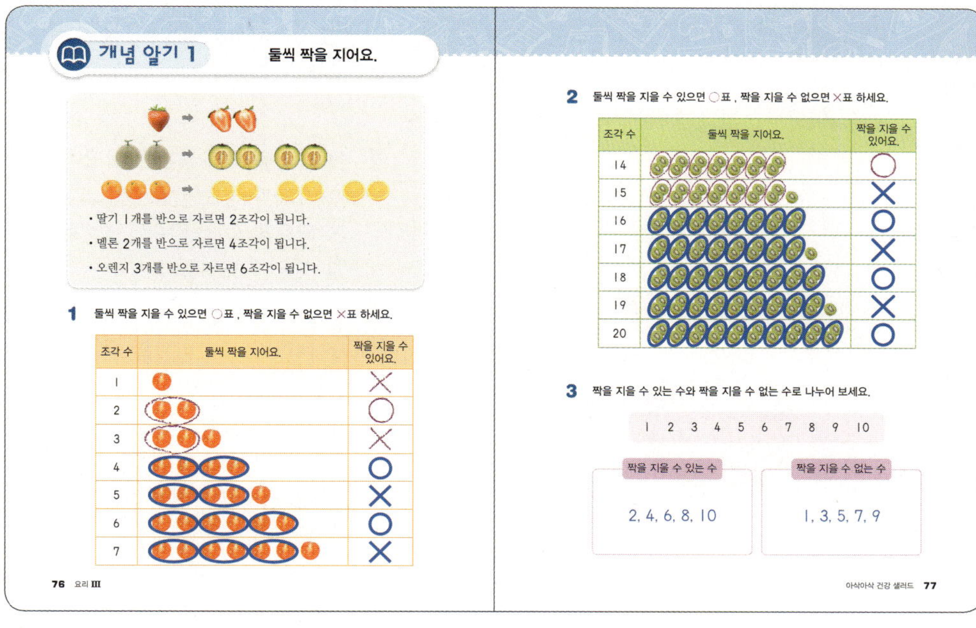

76 · 77

둘씩 짝을 지을 수 있는 것과 둘씩 짝을 지을 수 없는 것을 찾아봅니다.

1 1부터 7까지의 수 중에서 둘씩 짝을 지을 수 있는 수와 둘씩 짝을 지을 수 없는 수를 찾을 수 있습니다.

2 14부터 20까지의 수 중에서 둘씩 짝을 지을 수 있는 수와 둘씩 짝을 지을 수 없는 수를 찾을 수 있습니다.

3 1부터 10까지의 수를 둘씩 짝을 지을 수 있는 수와 짝을 지을 수 없는 수로 나누어 봅니다. 수만 보고 알 수 없는 경우 그림을 그려 직접 짝을 지어 보도록 지도합니다.

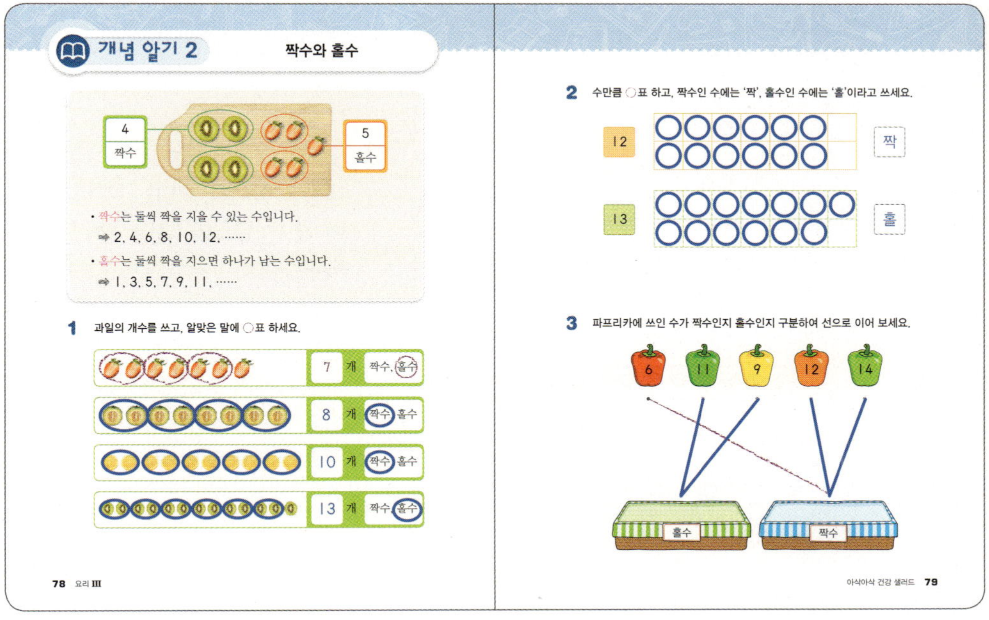

78 · 79

둘씩 짝을 지어 짝수와 홀수를 구분해 봅니다.

1 둘씩 짝을 지어 남는 것이 없으면 짝수, 1개가 남으면 홀수입니다. 과일의 개수를 올바르게 세어 짝수와 홀수를 구분할 수 있게 도와줍니다.

2 ○표를 12개, 13개씩 그려 12와 13이 각각 짝수인지 홀수인지 알아봅니다.

3 주어진 수가 짝수인지 홀수인지 구분해 봅니다. 아이가 어려워할 경우, 수만큼 그림을 그려 둘씩 짝을 짓고, 짝수와 홀수를 구분하게 합니다.

80 · 81

1 둘씩 짝을 지어 남는 것이 없으면 짝수, 1개가 남으면 홀수입니다. 아이가 바르게 묶고, 짝수와 홀수를 구분할 수 있게 도와줍니다.

2 채소와 과일을 반으로 자른 조각이 몇 개인지 세어 빈칸을 채워 봅니다. 반으로 자른 조각 두 개는 자르기 전 한 개와 같음을 이해한다면 과일 조각을 둘씩 묶어 몇 개의 과일이 사용되었는지 이야기해 보아도 좋습니다.

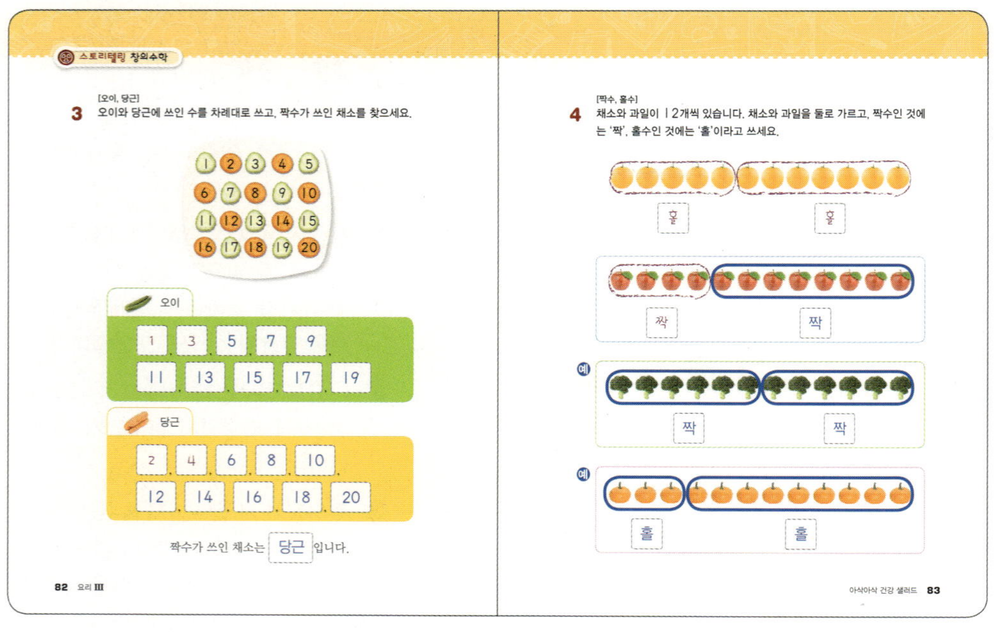

82 · 83

3 오이와 당근에 적혀 있는 수를 차례대로 써 봅니다. 오이는 1부터 2씩 뛰어 센 수, 당근은 2부터 2씩 뛰어 센 수입니다.

4 12를 둘로 가르고, 짝수와 홀수를 구분해 봅니다. 둘로 가른 수 중 한 쪽이 홀수이면 나머지 한 쪽도 홀수가 되고, 한 쪽이 짝수이면 나머지 한 쪽도 짝수가 됨을 알 수 있습니다.

84 · 85

한 손에 가진 칩의 수를 제외한 나머지 칩의 수가 짝수인지 홀수인지 예상하여 맞춰 봅니다. 12개를 둘로 갈랐을 때, 한 쪽이 짝수이면 다른 쪽도 짝수, 한 쪽이 홀수이면 다른 쪽도 홀수입니다.

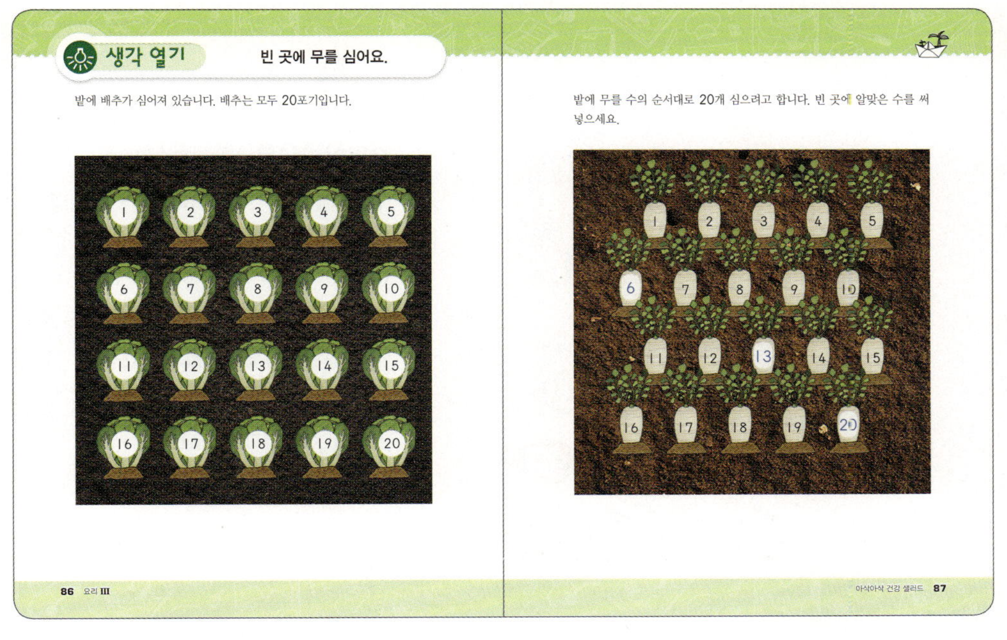

86 · 87

비어 있는 자리에 어떤 수가 들어갈지 생각해 봅니다. 1부터 20까지의 수의 순서를 알고, 빈 곳에 알맞은 수를 씁니다.

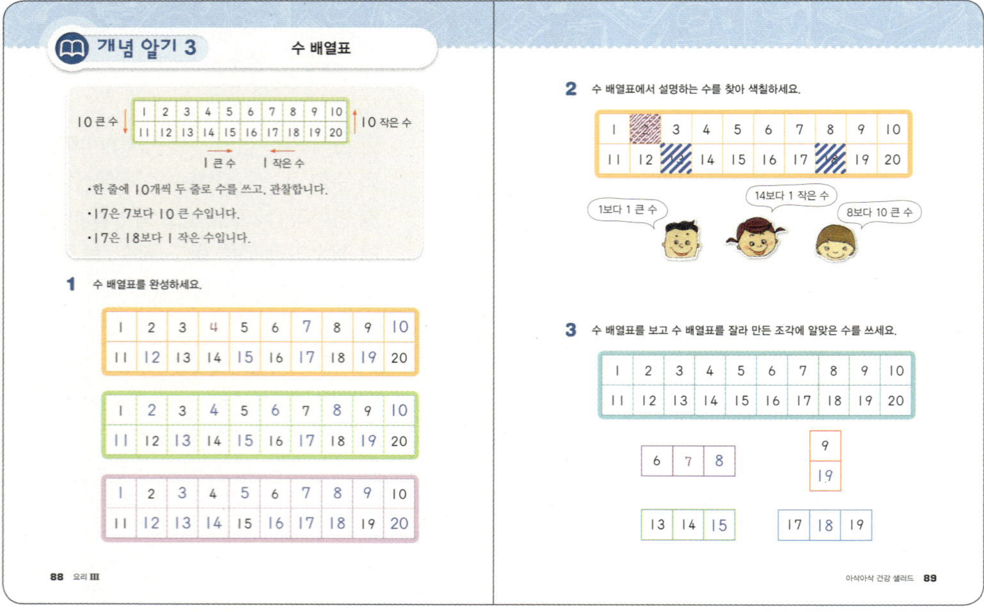

88 · 89

수 배열표를 통해 수의 순서를 이해하고, 수 배열표의 규칙을 이용하여 빈칸을 채워 봅니다.

1 수 배열표를 완성함으로써 수의 순서와 수 배열표의 규칙을 이해하도록 합니다.

2 수 배열표의 규칙을 이용하여 설명하는 수를 찾아 색칠하도록 합니다.

3 수 배열표를 잘라 만든 조각이므로 조각의 수들도 수 배열표와 동일한 규칙을 가지고 있습니다. 따라서 가로 방향은 1 큰 수와 1 작은 수, 세로 방향은 10 큰 수와 10 작은 수의 관계입니다.

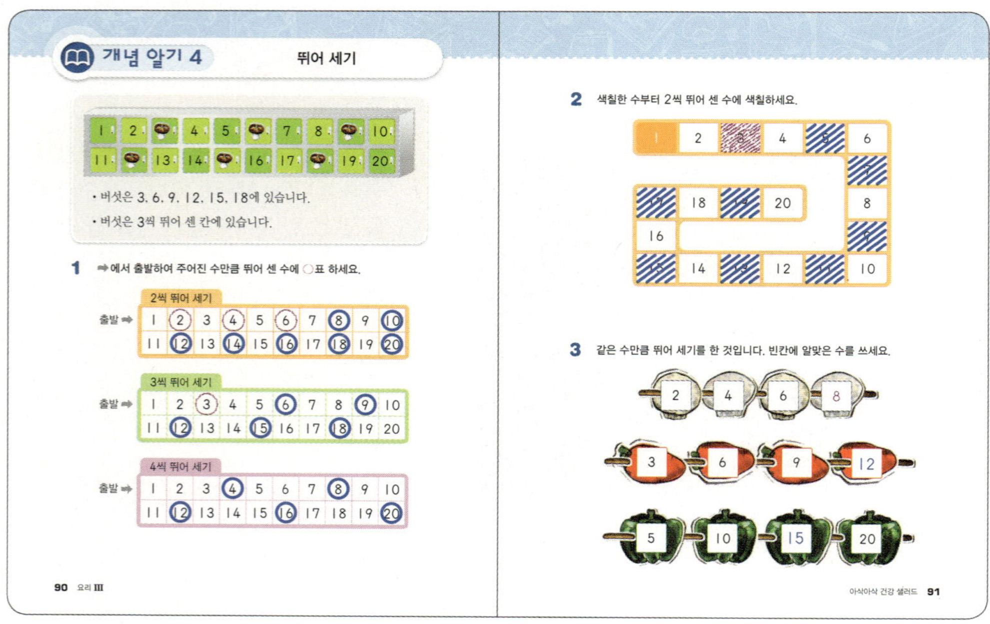

90 · 91

주어진 수만큼 뛰어 세어 봅니다.

1 2씩, 3씩, 4씩 뛰어 세어 봅니다. 수를 하나씩 짚어 가며 주어진 수만큼 뛰어 셀 수 있게 도와줍니다.

2 1부터 2씩 뛰어 센 수를 칸을 세어 가며 색칠할 수 있도록 도와줍니다..

3 몇씩 뛰어 세기한 것인지 찾아 빈칸을 채웁니다.

92 · 93

1 오른쪽으로 가면 1씩 커진다는 것을 이해하고, 아이가 스스로 규칙을 찾아 빈칸을 채울 수 있게 도와줍니다.

2 주어진 수만큼 수직선 눈금을 뛰어 세어 봅니다. 출발하는 눈금은 세지 않습니다. 아이가 올바르게 화살표를 그리고, 도착한 곳에 쓰여진 글자를 이용하여 만들어지는 문장 또는 단어를 이야기해 봅니다.

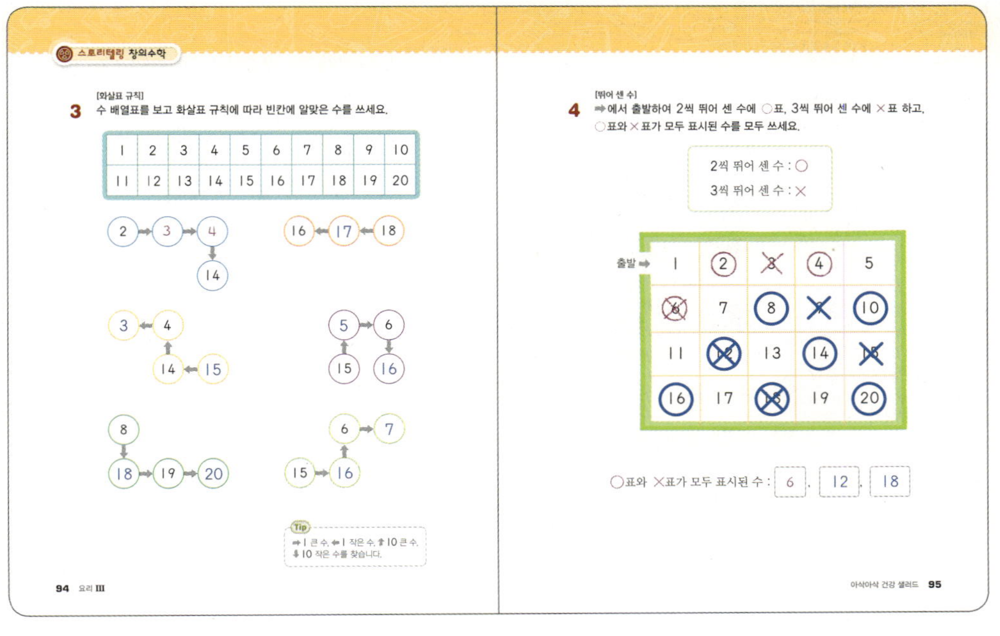

94 · 95

3 화살표 방향에 따라 규칙이 다름을 이해하고, 아이 스스로 규칙을 찾아 빈칸을 채울 수 있도록 합니다.

4 2부터 2씩 뛰어 센 수와 3부터 3씩 뛰어 센 수를 표시하고, 두 번 표시된 수를 찾아봅니다. 이 수는 6부터 6씩 뛰어 센 수와 같습니다.

IV 내가 요리왕!

단원소개

요리 경연 대회의 점수판을 이용하여 두 수 또는 세 수의 합을 구하고, 10이 되는 두 수를 찾을 수 있습니다. 또한 합이 10이 넘는 두 수의 합은 수 가르기와 모으기로 먼저 10을 만들고, 남은 수를 더하여 구할 수 있습니다.

학습목표

1 각 점수만큼 ○를 그리고, ○의 개수를 모두 세어 그 수를 쓰게 합니다.
2 10이 되는 두 수를 찾습니다.
3 먼저 10을 만들고, 10과 남은 수를 모아 두 수의 합을 구하게 합니다.
4 두 수에서 5씩 모아 10을 만들고, 10과 남은 수를 합해 두 수의 합을 구하게 합니다.

스토리 동기유발

샌드위치 요리 경연 대회에서 층층 샌드위치와 돌돌 샌드위치에 대한 심사위원들의 점수를 모아 요리왕을 정하는 이야기입니다. 어떤 요리사가 요리왕이 될지 이야기해 볼 수 있습니다.

104·105

각 점수만큼 색칠하고, 색칠한 ○의 개수를 세어 두 점수의 합을 구해 봅니다. 아이와 함께 다른 두 점수의 합을 구해 볼 수 있습니다.

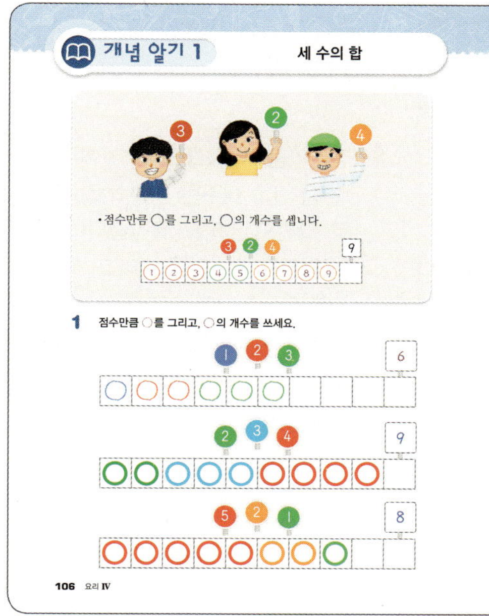

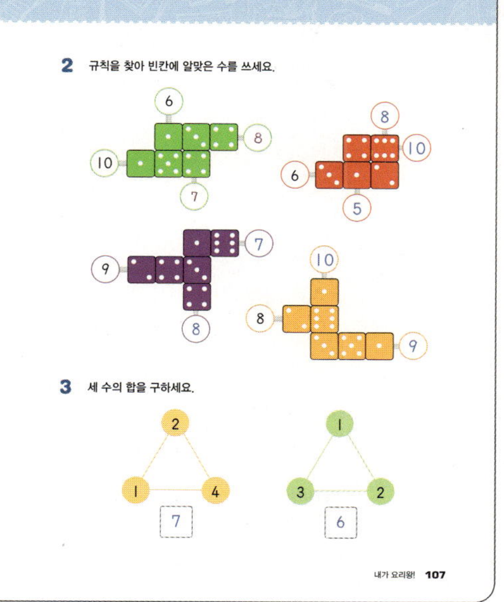

106 · 107

10을 넘지 않는 세 수의 합을 구합니다.

1 점수만큼 ○를 그려 그 개수를 세어 봅니다. 점수판의 색깔과 같은 색깔로 그리지 않아도 괜찮습니다. 아이가 올바른 개수만큼 그리고, 셀 수 있도록 도와줍니다.

2 같은 가로줄과 세로줄에 놓인 주사위의 눈의 수를 세어 봅니다. 주사위의 눈을 하나씩 짚어 가며 세어 볼 수 있습니다.

3 도형 위의 수만큼 ○표를 그려 세어 가며 합을 구할 수 있습니다.

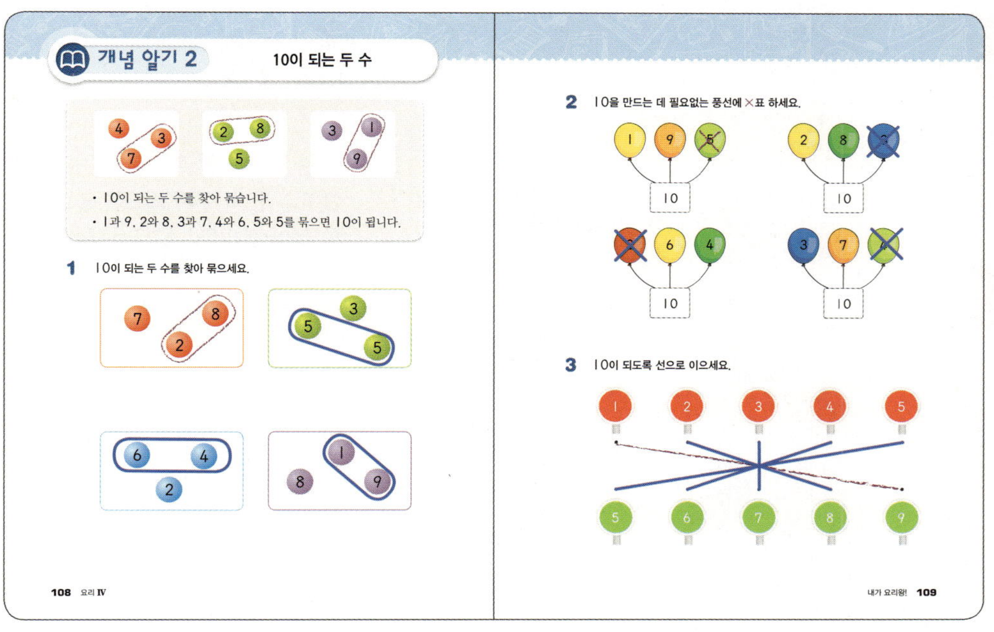

108 · 109

합이 10이 되는 두 수를 알아봅니다.

1 합이 10이 되는 두 수를 찾습니다. 아이가 찾을 수 있도록 도와줍니다.

2 세 수 중 합이 10이 되는 두 수를 찾고 나머지 한 수에 ×표를 합니다.

3 10이 되는 두 수를 선으로 잇는 문제를 통하여 10의 보수 관계를 이해하는 문제입니다. 아이가 어려워하는 경우 손가락 10개를 둘로 가르기하는 방법으로 해결하도록 도와줍니다.

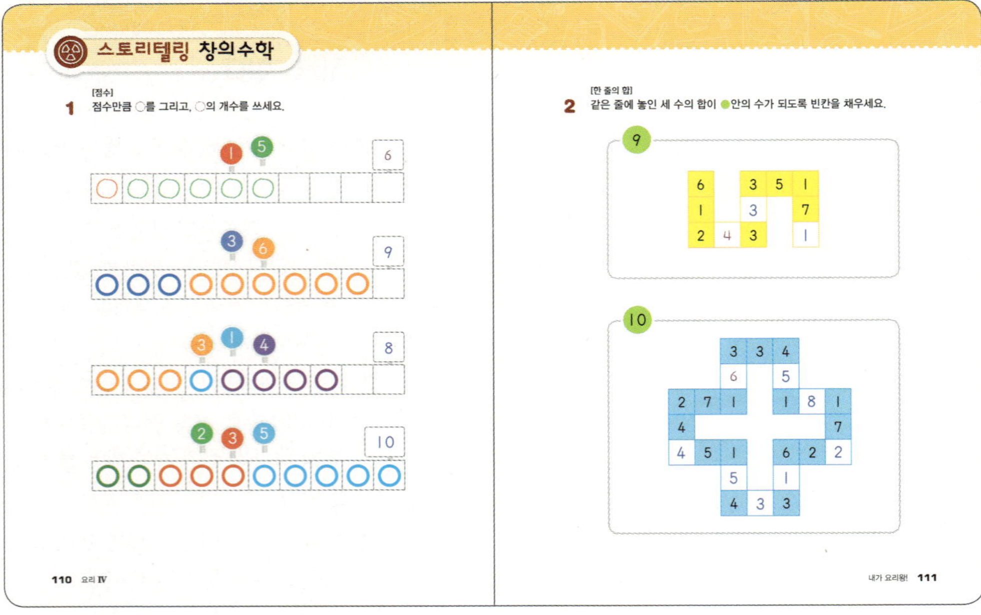

110 · 111

1 점수만큼 ○를 그리고, 그 개수를 세어 씁니다. 점수판 색깔과 같은 색으로 그리지 않아도 괜찮습니다. 아이가 알맞은 개수만큼 그리고, 셀 수 있도록 도와줍니다.

2 같은 줄에 놓인 세 수를 모아 9와 10이 되도록 빈칸을 채워 봅니다. 아이 스스로 완성할 수 있게 충분한 시간을 주세요.

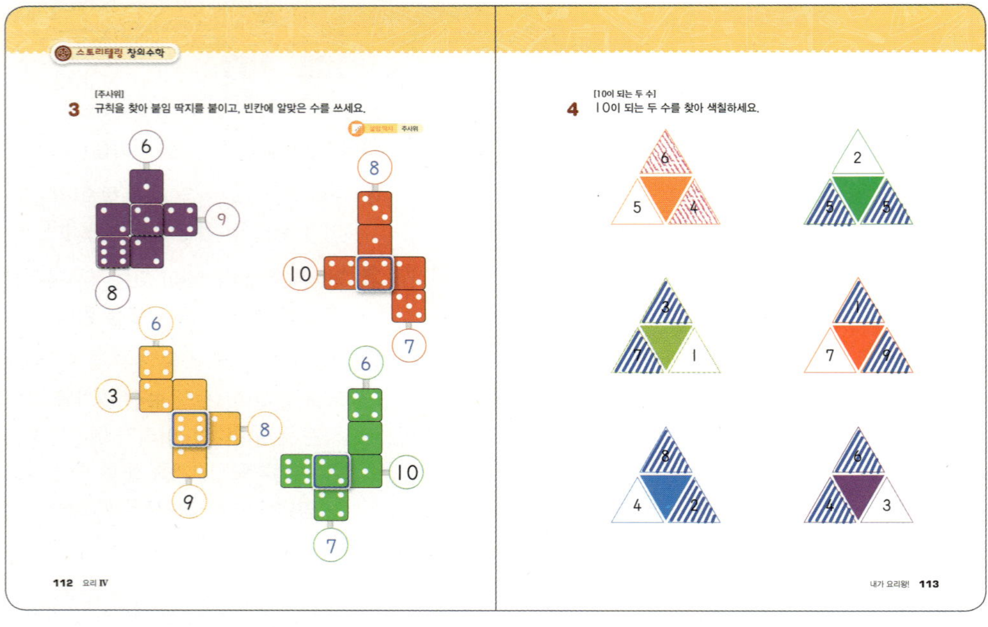

112 · 113

3 같은 줄에 놓인 주사위의 눈의 수의 합이 ○안의 수가 되도록 붙임 딱지를 붙여 봅니다. 또, 같은 줄에 놓인 주사위의 눈의 개수를 세어 ○안을 채울 수 있습니다.

4 세 수 중 합이 10이 되는 두 수를 찾아 색칠합니다. 아이가 스스로 해결할 수 있도록 도와줍니다.

114 · 115

3장의 수 카드를 1층에 일렬로 배열하고, 두 수씩 모아 2층과 3층에 씁니다. 1층의 수 배열이 바뀌면 2층과 3층의 수도 바뀝니다. 주어진 수 카드 외에 다른 수 3개를 이용하여 게임을 해 볼 수 있습니다.

116 · 117

사람의 수만큼 ○를 색칠하고, 색칠한 ○의 수를 세어 빈칸을 채워 봅니다.

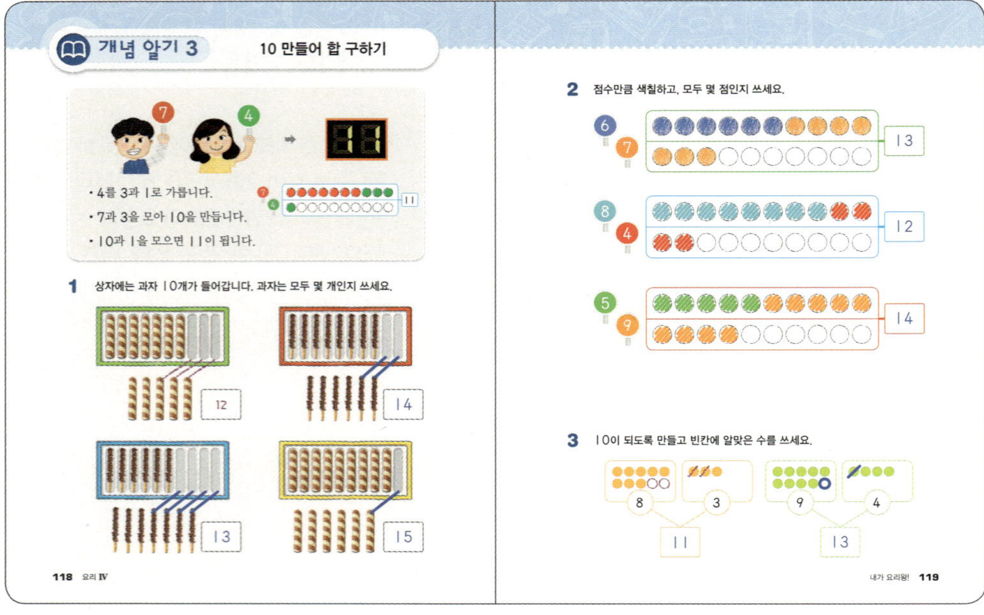

118 · 119

10이 되도록 하나의 수를 가르기하고, 나머지 수를 10과 합하여 세 수의 합을 구해 봅니다.

1 과자 상자의 빈 곳에 과자를 채워 10을 만들고, 10과 남은 과자의 수를 세어 더합니다.

2 두 수만큼 ○를 차례대로 색칠하여 윗줄부터 채워 봅니다.

3 ●을 옮겨서 10을 만들고, 남은 ●의 개수를 더하여 합을 구합니다.

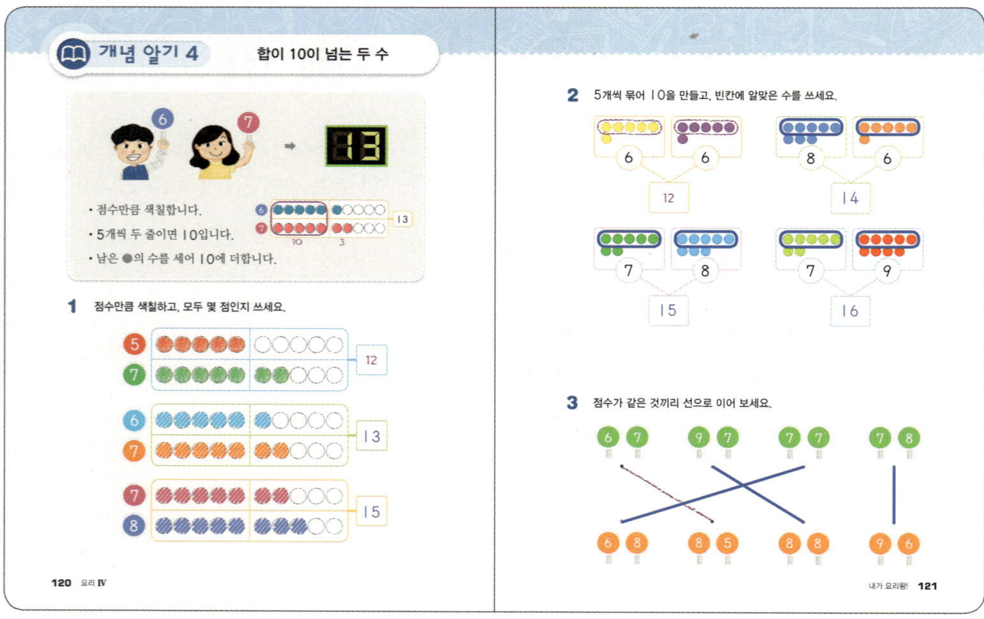

120 · 121

색칠한 ○를 5개씩 모아 10을 만들고, 10과 남은 ●의 수를 세어 두 수의 합을 구해 봅니다.

1 점수만큼 색칠하고, 5개씩 모아 10을 만듭니다. 10과 나머지 색칠한 ○의 수를 세어 더하면 두 점수의 합이 됩니다.

2 5개씩 모아 10을 만들고, 남은 ●의 수를 세어 모아 봅니다.

3 합이 10이 넘는 두 수의 합을 구하고, 합이 같은 것끼리 선으로 잇도록 도와줍니다.

스토리텔링 창의수학

[구슬]
1 구슬은 모두 몇 개인지 쓰세요.

12
13
14
15

[가르기, 모으기]
2 가르고 모으는 과정입니다. 빈칸에 알맞은 수를 쓰세요.

Tip
4와 5를 모으기 하면 9가 됩니다.
9를 4와 5로 가르기 할 수 있습니다.

122 요리 IV

내가 요리왕! 123

122 · 123

1 같은 색깔의 구슬끼리 따로 세어 봅니다. 5개씩 2줄인 구슬로 10을 세고, 나머지 색의 구슬의 수를 더합니다.

2 △모양은 위의 수를 갈라 아래에, ▽모양은 위의 두 수를 모아 아래에 씁니다. ▷모양은 왼쪽 두 수를 모아 오른쪽에, ◁모양은 왼쪽의 수를 갈라 오른쪽에 씁니다.

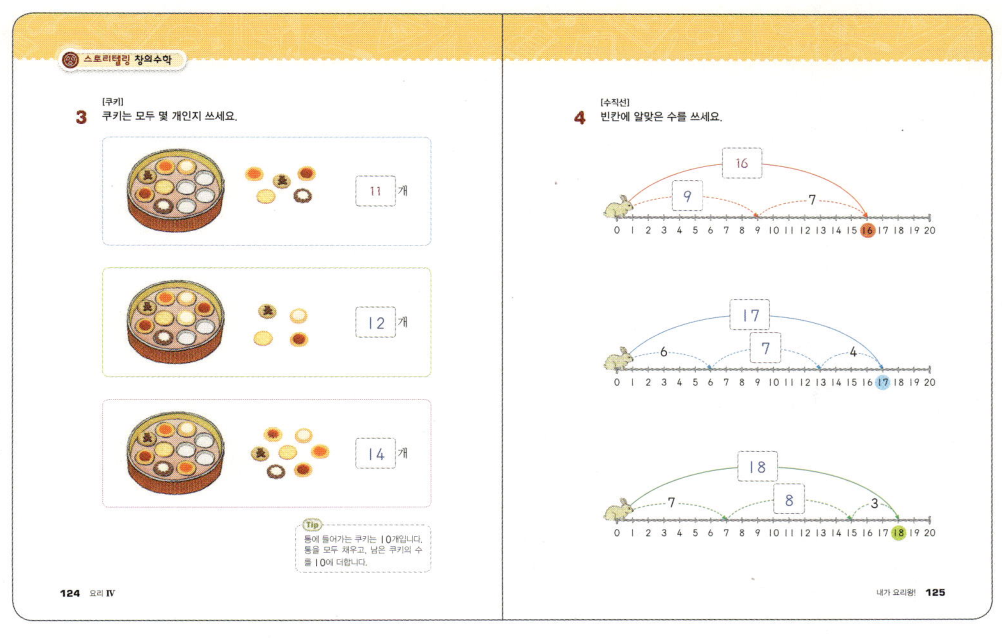
스토리텔링 창의수학

[쿠키]
3 쿠키는 모두 몇 개인지 쓰세요.

11 개
12 개
14 개

Tip
통에 들어가는 쿠키는 10개입니다. 통을 모두 채우고, 남은 쿠키의 수를 10에 더합니다.

[수직선]
4 빈칸에 알맞은 수를 쓰세요.

16, 9, 7
17, 6, 7, 4
18, 7, 8, 3

124 요리 IV

내가 요리왕! 125

124 · 125

3 상자에는 쿠키 10개를 넣을 수 있습니다. 상자의 빈 곳을 채워 한 상자를 만들고, 상자에 넣지 못한 쿠키의 수를 더하여 쿠키의 개수를 구합니다.

4 세 수의 합을 알고, 세 수 중 두 수의 합이 10이 되는 경우, 나머지 한 수를 쉽게 예측해 볼 수 있습니다.

MEMO

MEMO

MEMO

우리 아이의 수학적 잠재력을 깨워주는

창의력 수학
노크
A 단계

우리 아이는
수학 학습지만
펼치면 도망가요.

엄마표 학습,
어떻게 하면 좋을까요?

학습지 한 권 떼기가
너무 힘든데 어떡하죠?

노크

엄마들의 고민을 해결하다!

노크와 함께 아이도 엄마도 즐거운 공부 시작 ~♫

수학이지만 수학처럼 느껴지지 않아요.
딱딱한 수학이 아닌 **실생활을 주제**로 수학개념을 알려 주니, 아이가 어려워하지 않고 진도를 나갈 수 있어요.

– 아침햇살v님 (6세 여아) –

호기심을 자극하고 재밌게 학습하면서 아이의 생각이 트이는 게 보이더라고요. 아이가 **수학을 재밌게 배우길 원한다면 노크로 홈스쿨** 진행해 보세요.

– 굼벵이님 (6세 여아) –

한 권을 다 끝내는 동안 아이가 전혀 지루해하거나 힘들어하지 않았답니다. **동화책 읽듯이 술~술~하니 아이가 즐거워해요.**

- 마들렌님 (7세 남아) -

일상에 숨어 있는 여러 가지 **수학 개념**을 통해 규칙이나 수, 도형 등 수학에 가깝게 다가가요. 다양한 주제학습으로 **융합적(STEAM) 사고력**도 기를 수 있답니다.

- 겸둥현이맘님 (8세 남아) -

스스로 문제 푸는 아이 모습이 정말 대견하고 신기해요. 혼자서 **2주 만에 한 권**을 뚝딱 풀어내고 나니 아이가 엄청 신나 하는 거 있죠?

- 맘따순날님 (7세 남아) -